AF269688

Markus Schirner

El gran libro del péndulo

El manual del péndulo para aficionados y expertos

Colección Feng Shui y Radiestesia
EL GRAN LIBRO DEL PÉNDULO
Markus Schirner

1.ª edición: marzo de 2020
3.ª edición: noviembre de 2024

Título original: *Pendel-Welten*

Traducción: *Amalia y Juli Peradejordi*
Revisión y corrección: *Júlia Canoves*
Maquetación: *Natàlia Campillo*
Diseño de cubierta: *Isabel Estrada*

© 1995, 2018, Schirner Verlag, Darmstadt, Alemania
(Reservados todos los derechos)
© 2020, Ediciones Obelisco, S.L.
(Reservados los derechos para la presente edición)

Edita: Ediciones Obelisco, S.L.
Collita, 23-25. Pol. Ind. Molí de la Bastida
08191 Rubí - Barcelona - España
Tel. 93 309 85 25
E-mail: info@edicionesobelisco.com

ISBN: 978-84-9111-542-7
Depósito Legal: B-9.061-2007

Impreso en SAGRAFIC
Passatge Carsí, 6 - 08025 Barcelona

Printed in Spain

Índice

Diagramas de péndulo

Prólogo

El gran libro del péndulo («Pendel-Welten»), es el primer volumen de una serie de dos libros sobre el tema de la radiestesia; el segundo volumen se llamará *El gran libro de las varillas* («Ruten-Welten»). La radiestesia significa «sensibilidad para captar las radiaciones»; es una capacidad que poseen todos los seres vivos (humanos, animales y plantas).

En la práctica, se trata de una sensibilidad especial para las radiaciones invisibles, vibraciones, impresiones, etc., que pueden hacerse visibles mediante un péndulo o una varilla. Pueden ser interpretadas y evaluadas de acuerdo a ciertos principios y métodos que pueden ser aprendidos.

Los péndulos y las varillas son amplificadores que traducen la percepción del radiestesista o el zahorí, es decir, de aquel que utiliza el péndulo. El radiestesista hace tanto de receptor como de transmisor.

Ambos libros han sido creados a partir de la práctica para la práctica, por lo que son especialmente adecuados para principiantes. Pero también los estudiantes avanzados descubrirán en ellos cosas nuevas.

Con ambos libros me gustaría despertar esta habilidad de radio sensibilidad en ti. Existen numerosas publicaciones que profundizan en el tema, pero son muy pocas las que contienen instrucciones prácticas. Recuerda: dominar la radiestesia correctamente es un arte, aplicarla conscientemente es una ciencia.

En este sentido, el autor, los diseñadores gráficos, los editores y la editorial te deseamos mucho éxito. El lema de estos volúmenes prácticos es: ¡La práctica hace al maestro!

¡Diviértete con el péndulo!
Markus Schirner

Este libro te ofrece un instrumento de trabajo práctico que facilita la utilización de péndulos y varillas en la vida cotidiana. Gracias a instrucciones objetivas y concisas, tendrás un acceso rápido al trabajo con el péndulo.

El propósito de este libro no es profundizar en la filosofía de los péndulos o tratar con las energías que hay detrás de ellos. Por supuesto, considero que esto es necesario y recomiendo que también se lean libros que profundicen sobre el tema. Al final del libro encontrarás las referencias bibliográficas correspondientes.

Información general

En teoría, todo el mundo es básicamente capaz de trabajar con péndulos y varillas. Esta capacidad puede verse reducida solo por unas pocas razones, por lo que considero necesario establecer las siguientes premisas:

- Practica, practica, practica, practica. Como en la escuela, cada habilidad comienza con el primer paso y se vuelve magistral a través del ensayo y error constantes.

- Los errores forman parte del proceso de aprendizaje. Ningún resultado es infalible. Sin embargo, si trabajas sobre ti mismo sin pensamientos egoístas, para el beneficio de los demás, o incluso por razones de maduración espiritual, los resultados del péndulo se volverán seguros, claros y fiables.

Únicamente a través del trabajo práctico aprenderás a manejar el péndulo o la varilla. Trabaja paso a paso y considera los siguientes consejos:

Conceptos fundamentales

- El nivel mental y espiritual del desarrollo de una persona se refleja en los resultados de su péndulo.

- Aumentar la propia sensibilidad aumenta la aptitud con el péndulo. Cuanta más sensibilidad tengas para percibir tu entorno, más precisos serán los resultados de tu péndulo.

- Las relaciones con nuestros semejantes, con los elementos sutiles, así como con los mundos espirituales más elevados deben estar privados de todo egoísmo. Tan solo deberás utilizar el péndulo por las siguientes razones:
  □ Para la educación espiritual, es decir, para la auténtica búsqueda de la verdad.
  □ Para ayudar a otros hombres o seres vivos desinteresadamente.
  □ Para mantener la salud.

- Jamás actúes guiado por impulsos egoístas.

- No te exhibas con el péndulo delante de otras personas y jamás lo utilices para conocer el futuro.

- Concéntrate siempre en el problema o en la pregunta. El péndulo solamente podrá conducirte hacia el resultado adecuado cuando cuerpo y alma sean uno solo.

- Contrólate y no des ningún resultado como infalible.

- La humildad interior y la gratitud, así como una buena dosis de respeto hacia las fuerzas cósmicas con las que se entra en contacto, deben siempre ser parte del trabajo con el péndulo.

¿Qué péndulo debo utilizar?

No es tan decisivo el péndulo como quien lo utiliza. Jamás te limites a depender de un instrumento, ya que esto convierte al hombre en prisionero (y ello podría perjudicar los resultados).

A la hora de elegirlo, ¡confía en tu intuición! Elige el péndulo que más te guste.

También puedes construirte tu propio péndulo. Coge una cadena, un hilo o un mechón de cabello y coloca en él un objeto de tu elección; puede tratarse de un tornillo, de un tapón, de un botón o de cualquier otro objeto similar.

Los primeros pasos

- Sostén el hilo del péndulo sin apretar, con la mano relajada. El extremo superior debe estar situado entre el índice y el pulgar (*véase* foto). El hilo debe tener entre 15 y 20 cm de largo. Es aconsejable que hagas un pequeño nudo en el extremo del hilo, pues esto parece mejorar las oscilaciones del péndulo.

- La mano y la muñeca deben permanecer libres y relajadas. El codo debe reposar sobre la mesa, y los demás dedos también deben estar relajados.

- El pecho y la espalda deben estar erguidos con el fin de que la energía del sistema nervioso pueda fluir libremente.

- La otra mano debe reposar plana y abierta sobre la mesa.

- Debes respirar tranquilamente y estar relajado.

- No te dejes distraer por las influencias del entorno (por ejemplo, radio, teléfono móvil o ruidos). Asegúrate de estar solo y de que te dejen en paz.

- No utilices el péndulo si estás cansado o agotado.

- No utilices el péndulo si estás enfermo.

La utilización del péndulo requiere al hombre íntegro e indiviso.

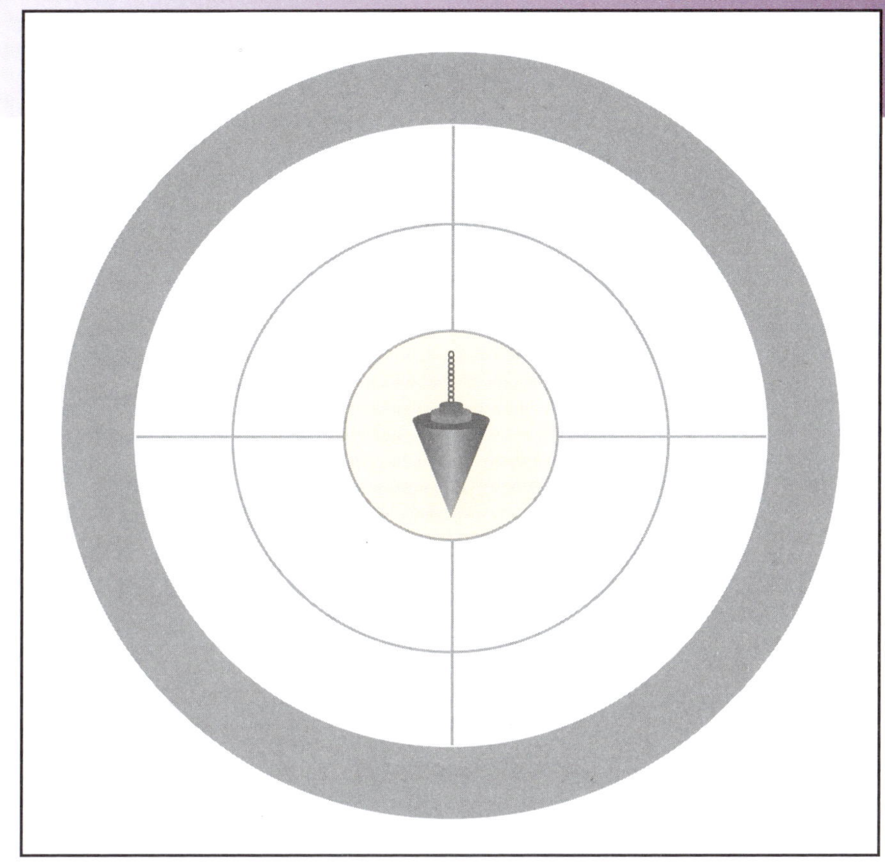

Cualquiera que se inicie en la utilización del péndulo, deberá darse cuenta, ante todo, del significado que tendrán para él los movimientos del péndulo. En primer lugar, pregúntale al péndulo: «¿Qué es lo que significa "sí"?». Y, seguidamente, «¿qué es lo que significa "no"?».

A continuación aparecen representados los distintos movimientos del péndulo. Cualquier movimiento es posible. ¡Encuentra los tuyos! Averigua qué es un claro «sí» y qué un claro «no».

Si tienes algún problema en cuanto a la intensidad de la oscilación del péndulo, vuelve a ponerlo en movimiento y plan-

téale de nuevo la pregunta. Ahora, el movimiento del péndulo será mucho más claro. (Tras un cierto período de práctica, se refuerza la oscilación del péndulo). Una vez averiguados el «sí» y el «no», ya no deberás modificarlos.

También se puede especificar «sí» y «no» de antemano. Por regla general, se suele utilizar el siguiente método:

Sentido horario = + = positivo = sí
Sentido antihorario = – = negativo = no

Usa el gráfico de esta página y sostén tu péndulo exactamente encima del centro del péndulo aquí dibujado.

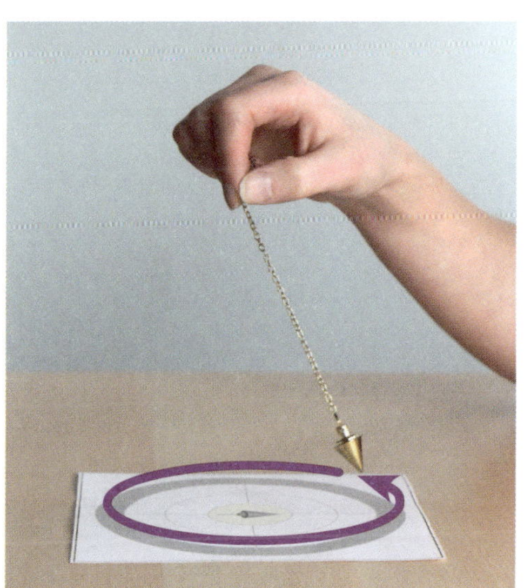

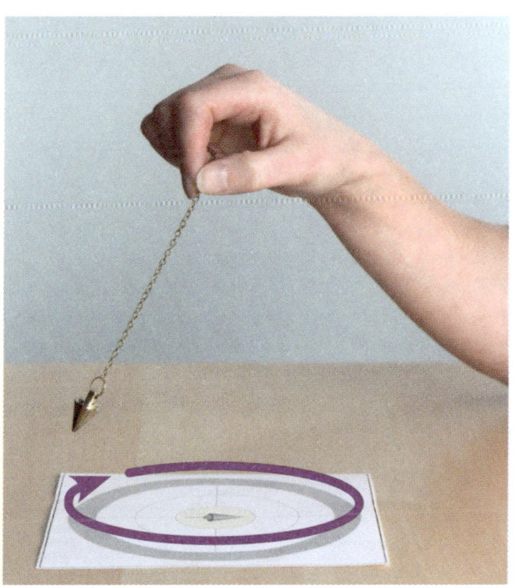

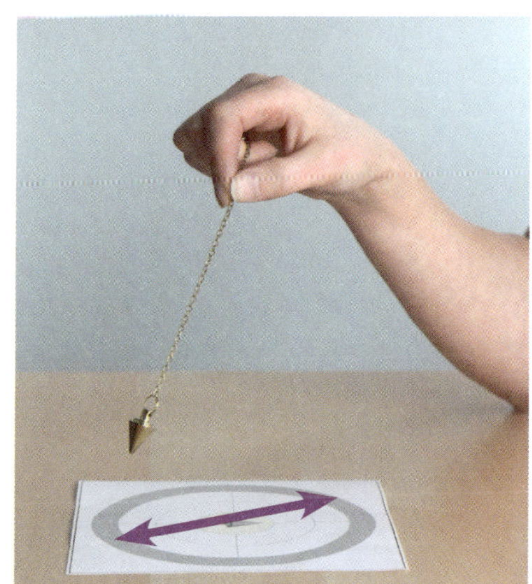

Ejercicios prácticos iniciales

Para poner a prueba tu aptitud para el péndulo, he aquí algunos ejercicios que puedes practicar.

Ejercicio 1

Coge dos vasos (a ser posible iguales) y llénalos con agua del grifo (la cantidad de agua no es determinante). Sitúa ambos vasos a una distancia de 40 cm entre sí y sostén el péndulo en medio (Fig. 1). Pregúntale al péndulo si el contenido de ambos vasos es idéntico.

Deberías obtener una oscilación, es decir que el péndulo debería moverse entre los dos vasos, de uno hacia el otro. Si esto sucede, estamos en presencia de una concordancia, de una respuesta afirmativa (a no ser que previamente hayas definido otro tipo de oscilación pendular como respuesta). En caso de que el péndulo no se mueva, deberás concentrarte en la pregunta y esperar pacientemente la oscilación del péndulo, hasta que este haya reconocido el contenido de ambos vasos como idéntico.

Si has superado esta primera prueba, ya puedes pasar al segundo ejercicio.

Ejercicio 2

Sostén el péndulo entre tú y uno de los dos vasos. Pregunta si puedes beberte el agua del grifo tal como está.

Entonces, el péndulo debería oscilar entre el vaso y tú hacia delante y hacia atrás, lo que equivaldría a una afirmación. Pero debido a la calidad actual del agua corriente, ante esta pregunta el péndulo acostumbra a realizar una oscilación transversal (como en la figura 2), que significa rechazo o respuesta negativa.

Esta oscilación transversal también debería resultarte fácil. Esto es un signo de tu capacidad para utilizar el péndulo.

Ahora sigue una última prueba para que adquieras la seguridad necesaria para poder trabajar con los diagramas que aparecen a continuación.

Ejercicio 3

Vacía uno de los dos vasos. Sécalo bien y vierte un poco de agua mineral en el vaso vacío. Coloca de nuevo ambos vasos a una distancia de 40 cm entre ellos y consulta otra vez al péndulo para saber si el contenido es idéntico. Te quedarás estupefacto, porque, aun tratándose de agua en ambos casos, como mucho obtendrás una oscilación diagonal del péndulo, sino es que oscila de manera transversal (Fig. 2). La oscilación diagonal significará que, en cierto modo, las dos aguas son similares, mientras que en el segundo caso significará, por la razón que sea, que el contenido de los dos vasos no es comparable.

Puedes repetir estos ejercicios con otros objetos: por ejemplo, con dos manzanas de distinta procedencia (Fig. 3), con dos tipos de cerveza, etc… No hay límites en tu imaginación. Sin embargo, vigila que se trate siempre de una prueba de comparación entre los dos objetos (llamada también «consulta de resonancia»).

Ejercicio 4

Esta prueba también se puede realizar con términos, tal como se ha hecho en las páginas de este libro. Por ejemplo, puedes escribir el término «Mimulus» (una de las 39 Flores de Bach) en una hoja de papel y preguntar con el péndulo encima de la palabra escrita si necesitas esta sustancia o esencia para el bienestar de tu alma. Si hay una necesidad real, el péndulo oscilará circularmente hacia la derecha (Fig. 4).

Obviamente, puedes realizar esta misma prueba con todas y cada una de las Flores de Bach, o escoger otros términos: escribe el nombre de una o dos terapias que podrías practicar, como «entrenamiento autógeno» o «aikido», y pregúntale al péndulo si estas resultan adecuadas para ti.

(Fig. 3)

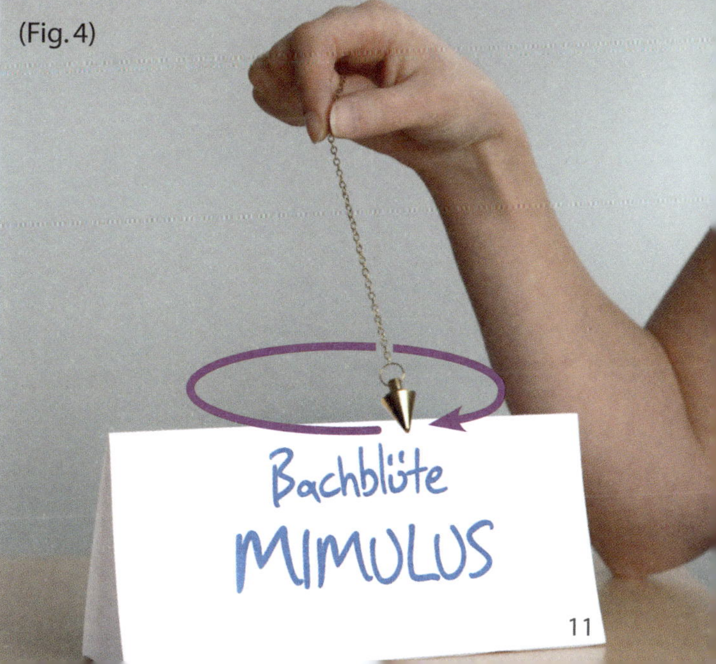

(Fig. 4)

Pruebas con objetos

Con el péndulo podrás examinar todo aquello que te apetezca. Cuando la pregunta pueda ser contestada con un «sí» o con un «no», este siempre te proporcionará la respuesta adecuada.

Obviamente, todavía existen otras formas de utilizar el péndulo. La forma más segura es utilizarlo sobre el propio objeto. Podrás examinar tus alimentos, tus medicinas, las Flores de Bach o las piedras preciosas; ¡Desata tu creatividad!

Coloca el objeto encima de una mesa y apoya una mano a unos 25 cm del objeto. Ahora, coge el péndulo con la otra mano y colócalo entre la mano que tienes encima de la mesa y el objeto.

Libérate totalmente de cualquier pensamiento e intenta percibir únicamente la energía del objeto que se encuentra cerca de ti. El péndulo oscilará desde la mano que tienes apoyada hasta el objeto, o bien girará en sentido horario, lo cual indicará una afinidad positiva o una afirmación (Fig. 1).

Y viceversa, el péndulo oscilará hacia delante y hacia atrás en un movimiento paralelo a la mano apoyada, o bien girará en sentido antihorario, lo cual indicará una clara incompatibilidad, es decir, una respuesta negativa (Fig. 2).

También puedes sostener una mano sobre un objeto, y con la otra mano aguantar el péndulo directamente sobre el centro de esa mano.

Si el péndulo oscila a lo largo de esa mano desde la muñeca hacia los dedos (energía que fluye del cuerpo), indica una energía positiva (Fig. 3); y al contrario, si oscila a través de ella, la energía entre el objeto y tú es negativa (Fig. 4). También puedes verificar la energía de tu casa, de tu lugar de trabajo, o de tu cama.

Por ejemplo, puedes sentarte en el borde de la cama y colocar el péndulo sobre la palma de tu mano. Si este oscila a lo largo de la mano, la posición de la cama será la correcta y, de lo contrario, no lo será. Ahora, procede de esta misma forma sentándote a cada 30 cm hasta cubrir toda la superficie de la cama.

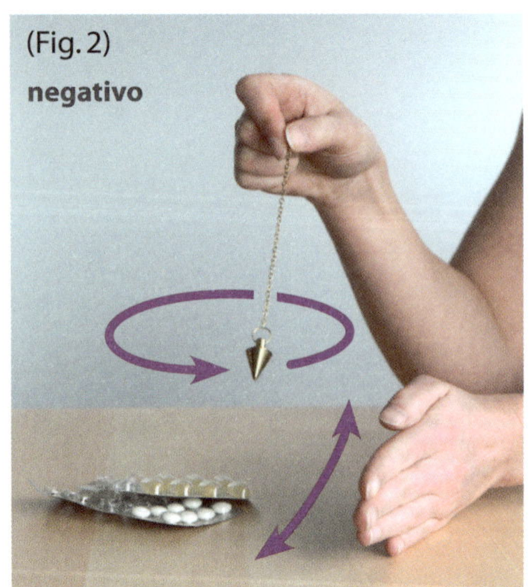

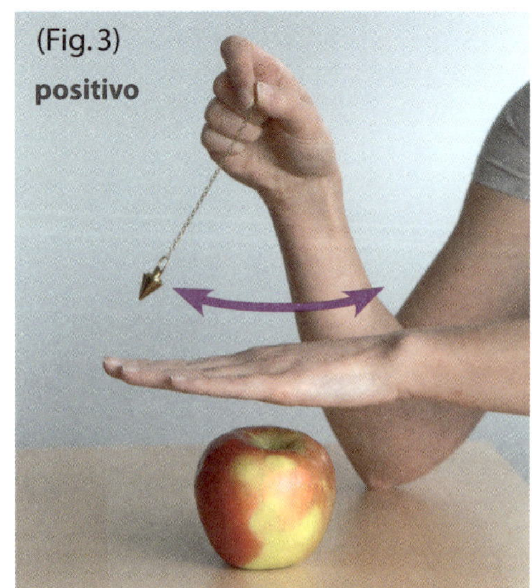

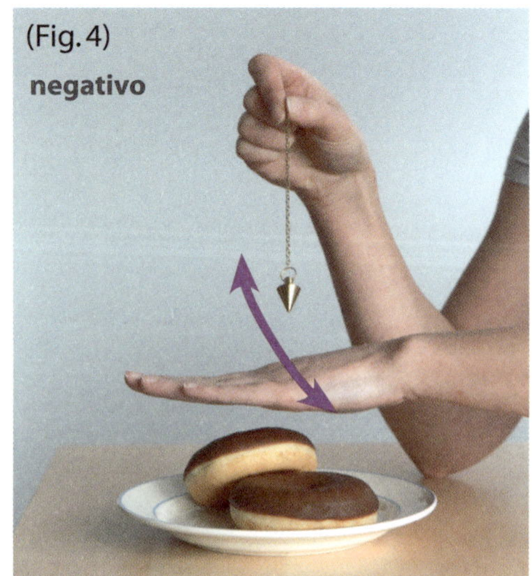

Con el fin de facilitar el trabajo con el péndulo, este libro hace un especial hincapié sobre el trabajo con diagramas de péndulo. Algunos de los diagramas requieren un cierto conocimiento básico.

Tomemos, por ejemplo, los diagramas y la tabla del *I Ching*; si no se posee ningún conocimiento básico o no se tiene a alguien con quien consultar sobre la estructura y la esencia de este oráculo de sabiduría, estos diagramas servirán de bien poco. O el diagrama de péndulo de Aura-Soma: la aplicación de las esencias requiere un entrenamiento o su consulta.

En este libro no se abordan los saberes profundos de cada una de las técnicas y prácticas presentadas. Por ello resultará aconsejable que, en caso necesario, se profundice sobre cada uno de los temas en particular.

Por lo general, los distintos diagramas de péndulo resultan lo bastante explícitos como para no requerir más comentarios.

Utiliza tu propia creatividad con el fin de poder explorar los diagramas en profundidad.

Recuerda que tan solo a una pregunta adecuada le corresponderá una respuesta adecuada.

Si no eres terapeuta, únicamente podrás utilizar los diagramas de contenidos terapéuticos cuando se trate de una necesidad personal y solo como una acción preventiva o integradora durante un proceso eventual de curación.

¡Y basta ya de introducción!

Aptitud para el péndulo

Antes de empezar a trabajar, deberás verificar tu aptitud para el péndulo en estos momentos. La respuesta que obtengas se referirá únicamente a la situación del momento y podrá ser muy diferente en otro momento o en otro lugar.

Por ejemplo, si tu aptitud es del 75 %, significará que el 25 % de tus preguntas obtendrán una respuesta errónea. Debes medir tu aptitud para el péndulo antes de interpretar las respuestas. Cuando tu aptitud sea inferior al 60 %, no tendrá ningún sentido que utilices el péndulo, al menos por el momento. En tal caso, pregunta los motivos sosteniendo el péndulo encima del diagrama que aparece a continuación, o bien vuelve a intentarlo más tarde.

RESPUESTA ERRÓNEA DEL PÉNDULO
En el caso de que la fuerza del péndulo fuese demasiado débil o que hayas obtenido la respuesta «Erróneo» en el diagrama de control, podrás deducir los motivos gracias al gráfico que aparece a continuación.

DIAGRAMA DE CONTROL
Utiliza siempre el diagrama de control para comprobar los resultados del péndulo. Recuerda: ¡no existen respuestas infalibles!

RELOJ DEL PÉNDULO
El reloj del péndulo se utiliza para determinar el tiempo correcto del péndulo. El reloj está dividido en segmentos de 10 minutos.

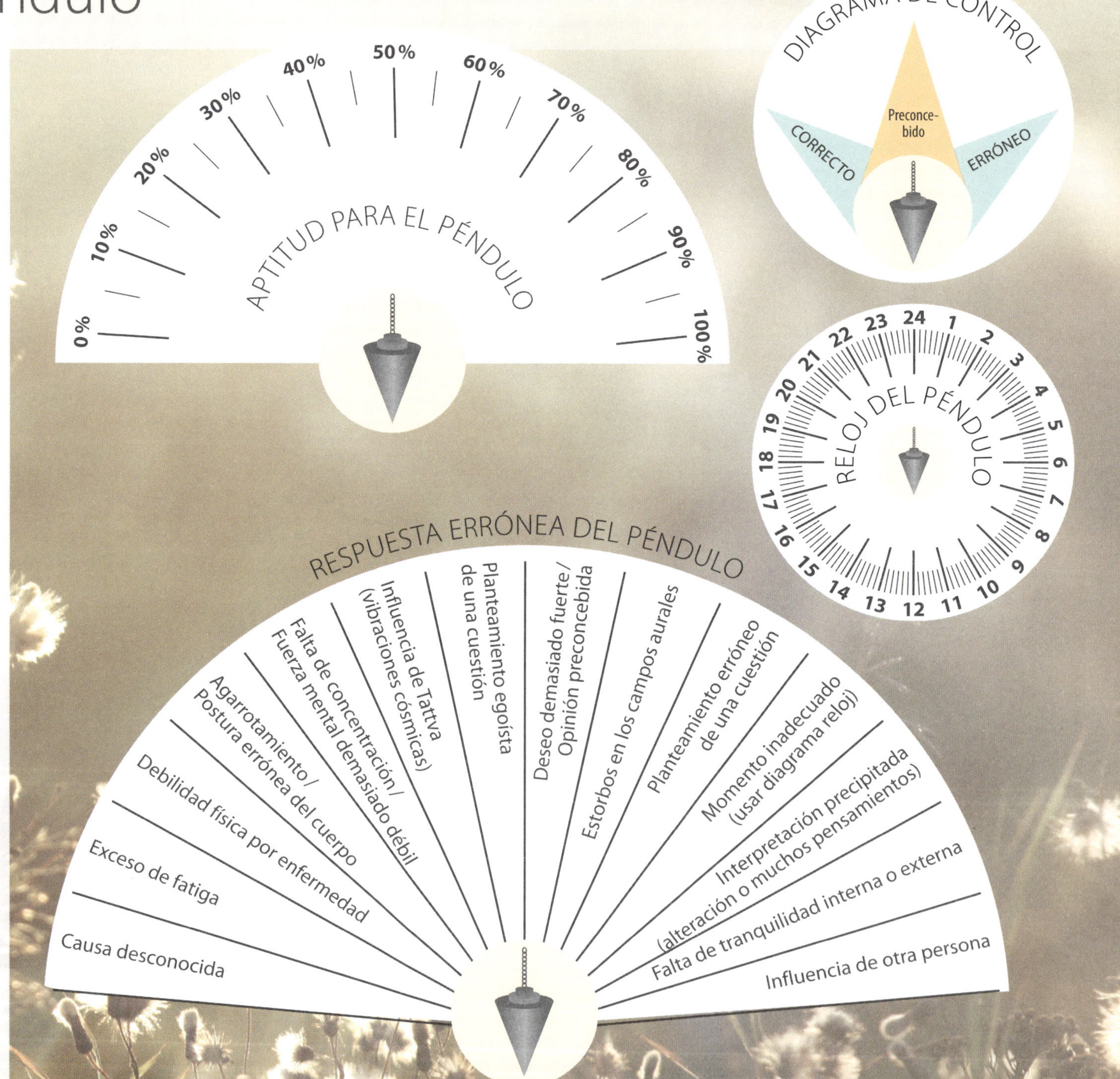

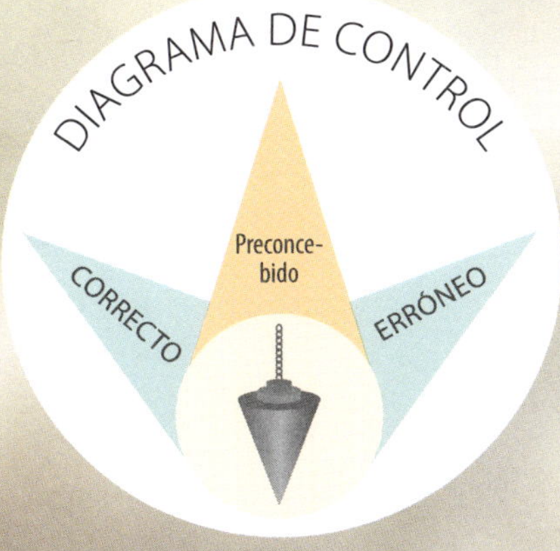

El diagrama adecuado para el péndulo

¿En qué diagrama de péndulo puedo encontrar la solución óptima para mi problema?

¿Con qué diagrama tengo que trabajar hoy?

¿En qué diagrama encontraré la información que necesito urgentemente en este momento?

Diagrama de números

Para la determinación exacta de la cantidad

Diagrama de letras *(ouija)*

Para preguntas que requieran una respuesta con palabras o frases. Si quieres obtener una respuesta con palabras, pregunta primero (en el diagrama de los números) de cuántas letras estará compuesta la palabra; después busca la palabra, letra por letra, en el diagrama de la *ouija*.

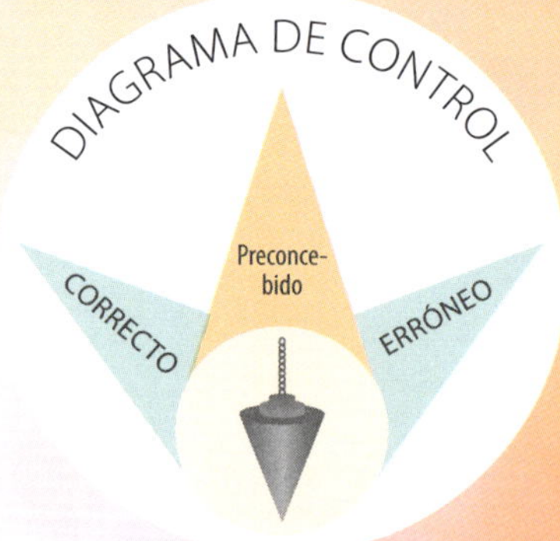

Diagrama de porcentajes

Para determinar los valores del porcentaje. Por ejemplo, «¿en qué porcentaje debo utilizar el producto X o Y?» O bien, «¿qué porcentaje de vitalidad poseo en estos momentos?».

Red de Curry/Cruce
Red global/Cruce
Red global
Cambio de sentido/
Red de Curry
Cambio de sentido
Lugar sin radiaciones
Agua subterránea
Agua subterránea/Cruce
Agua subterránea/
Cambio de sentido
Agua subterránea/
Red de Curry
Red de Curry

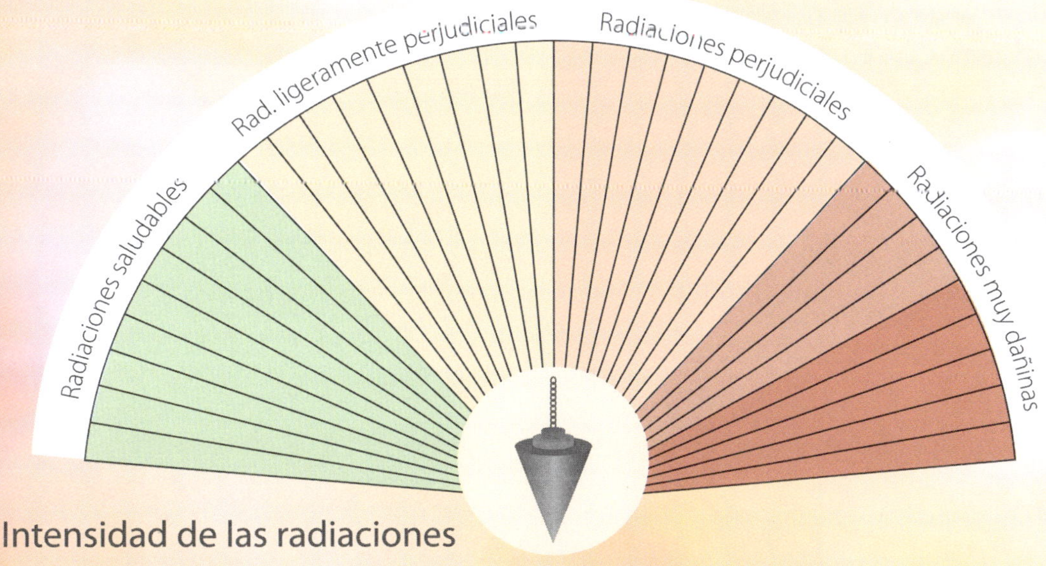

Radiaciones saludables
Rad. ligeramente perjudiciales
Radiaciones perjudiciales
Radiaciones muy dañinas
Intensidad de las radiaciones

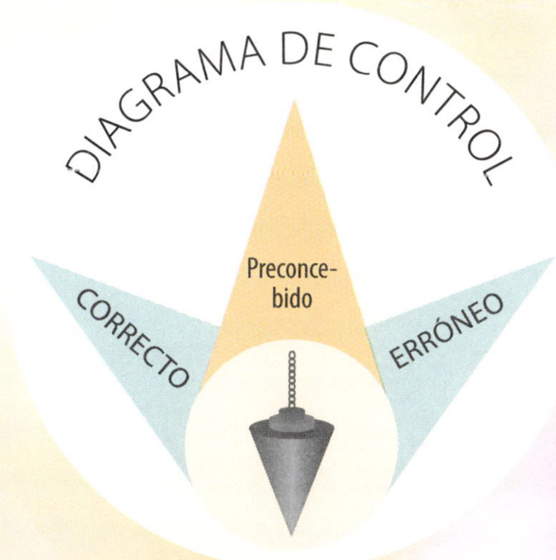

DIAGRAMA DE CONTROL
CORRECTO
Preconce-bido
ERRÓNEO

Agua

Para la determinación de las
venas de agua más cercanas

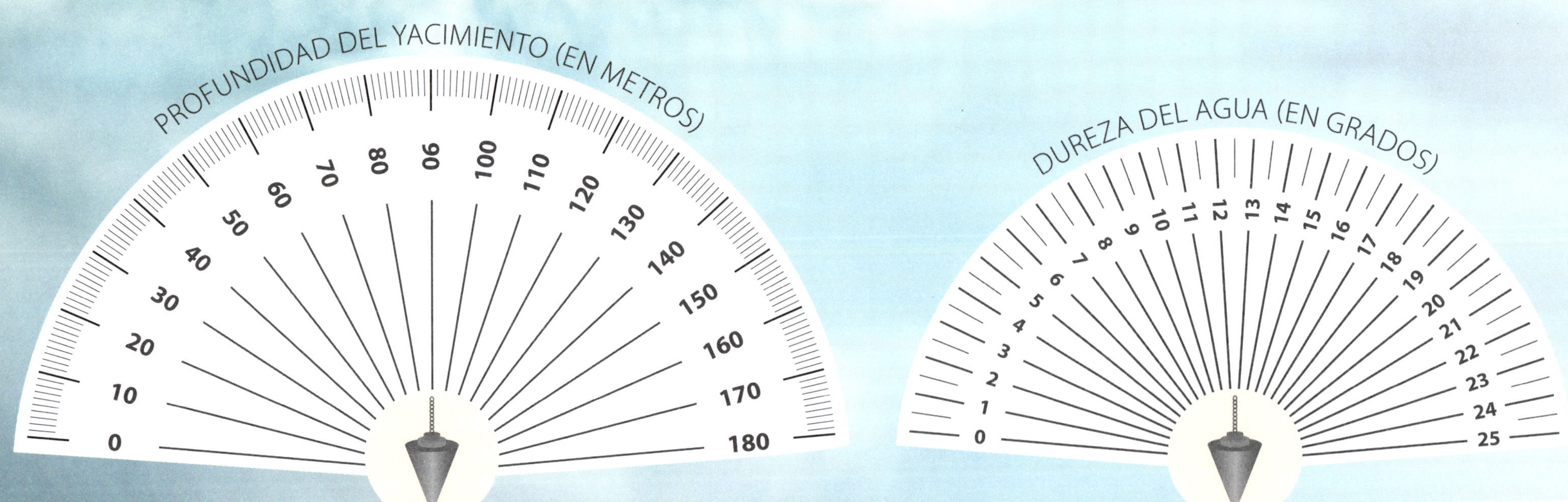

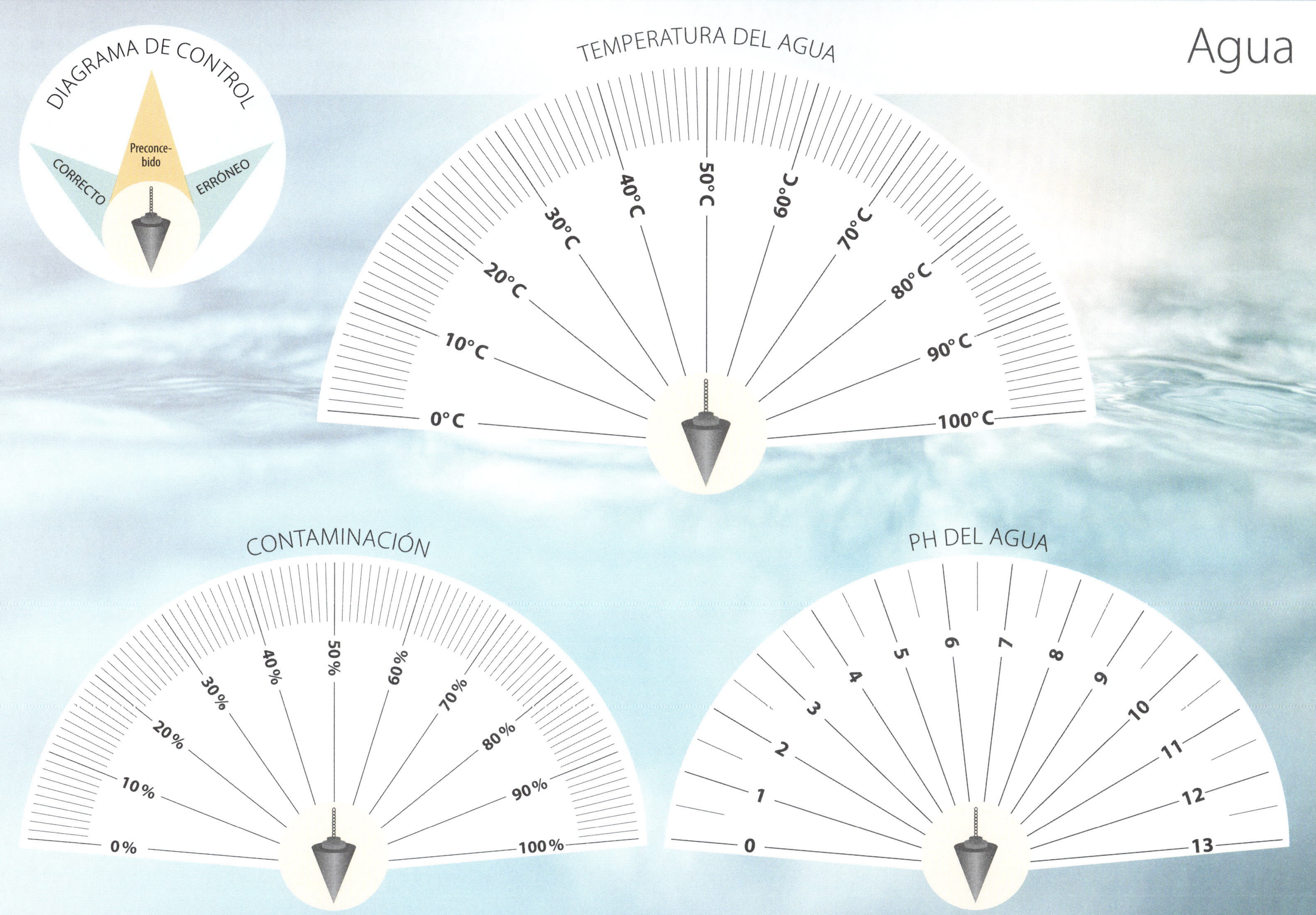

Agua
DIAGRAMA DE CONTROL
CORRECTO
Preconcebido
ERRÓNEO
TEMPERATURA DEL AGUA
0°C
10°C
20°C
30°C
40°C
50°C
60°C
70°C
80°C
90°C
100°C
CONTAMINACIÓN
0%
10%
20%
30%
40%
50%
60%
70%
80%
90%
100%
PH DEL AGUA
0
1
2
3
4
5
6
7
8
9
10
11
12
13

Biómetro de A. Bovis

Escala de medidas para:

a) Intensidad de las radiaciones terrestres / Lugares.
b) Radiación energética vital de las personas.
c) Intensidad de la radiación de los alimentos.

Semicírculo interior (físico):

Intensidad de radiación de los lugares y vibraciones que influyen directamente sobre las personas.

de 0 a 2.000 UB	Cruce de 2 o más zonas de disturbio; trastorno del sistema inmunitario; trastorno en aumento (cáncer).
2.000 a 6.000 UB	Zonas de disturbio; perjudicial para el organismo humano.
6.500 UB	Neutro.
7.000 a 8.000 UB	Valor óptimo / Plena vitalidad.
9.000 a 10.000 UB	Valor excesivo si es duradero.

Semicírculo intermedio (etérico-espiritual):

10.000 a 13.500 UB	Campo energético o etérico del cuerpo.
13.500 a 18.000 UB	Campo espiritual y esotérico; desde lugares sagrados hasta lugares de iniciación sacral (por ejemplo: Pirámides, Stonehenge).

Semicírculo exterior:

18.000 UB en adelante
Zona de radiaciones cósmicas.

UB = unidad de Bovis.

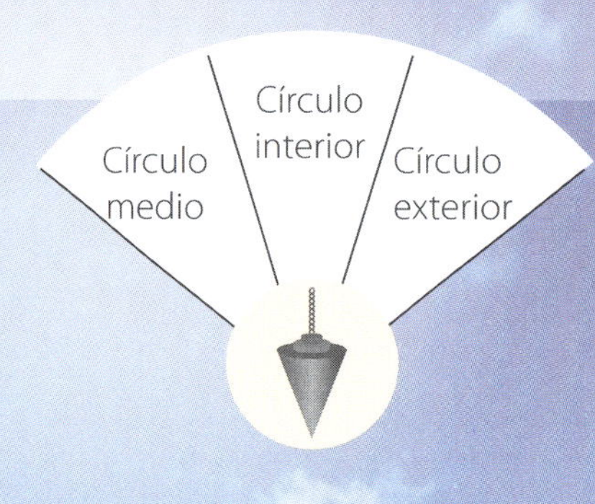

¿Qué círculo hay que utilizar?

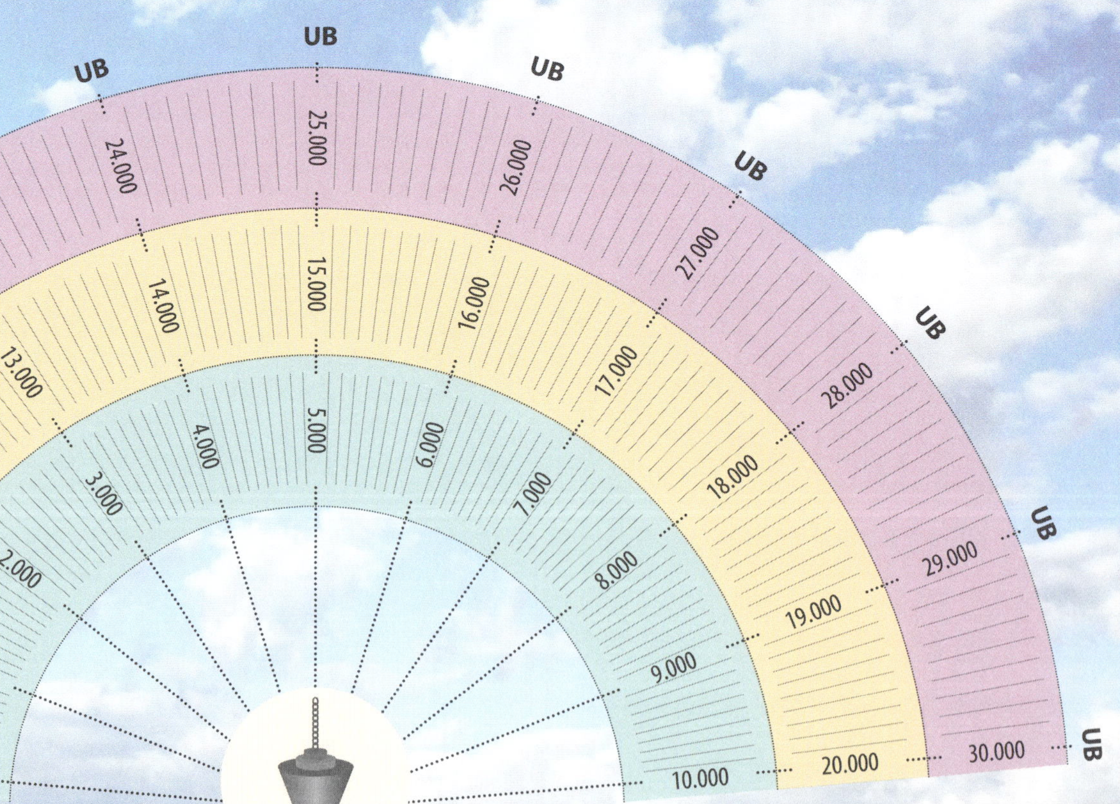

Predicción del tiempo

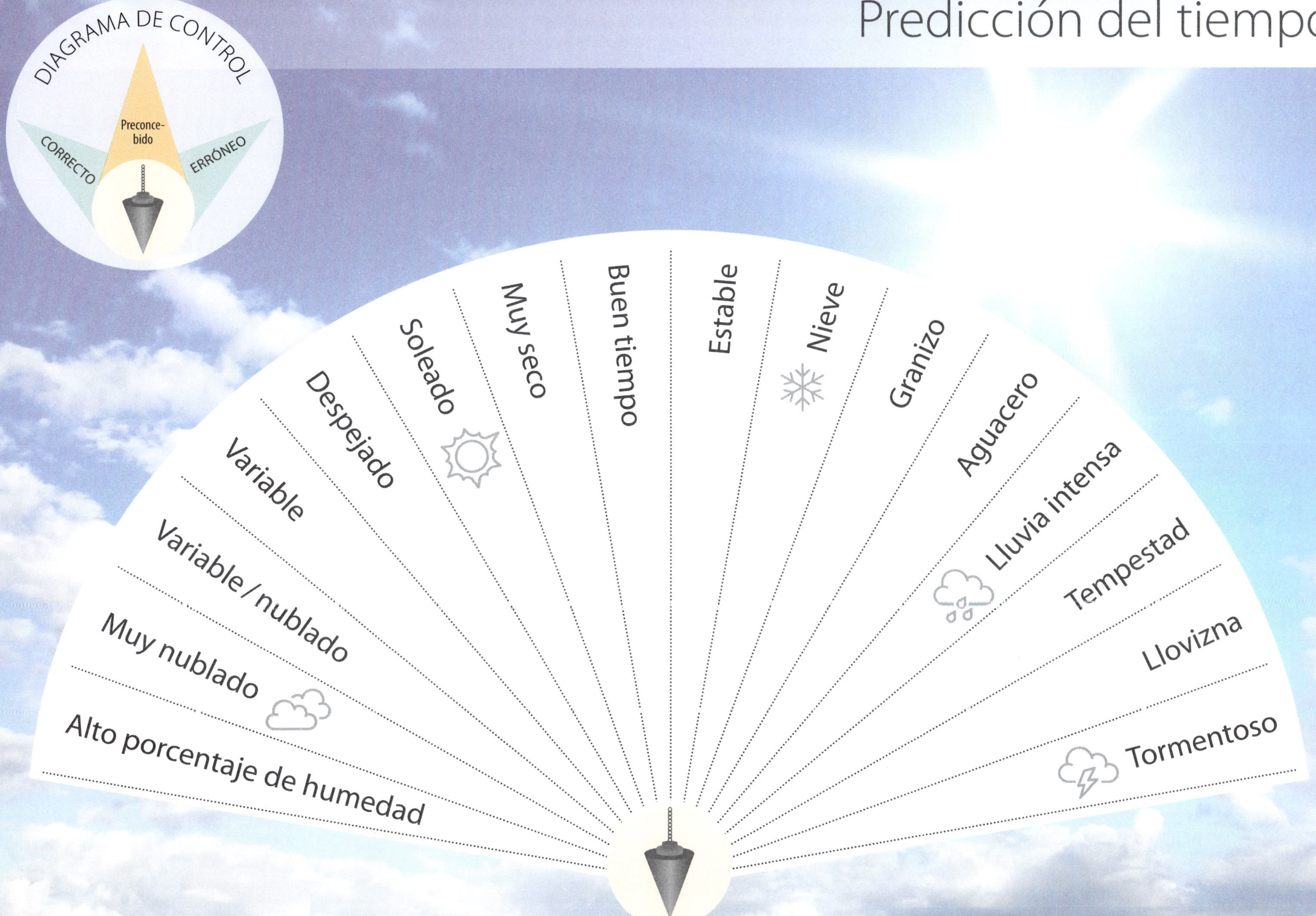

Chakras

1. Chakra raíz
columna vertebral, huesos, piernas, recto, intestino, sangre, suprarrenales
ROJO

2. Chakra sacro
órganos reproductores, glándulas genitales (ovarios, testículos), próstata, riñones, aparato digestivo
NARANJA

3. Chakra plexo solar
hígado, estómago, vesícula biliar, sistema nervioso vegetativo, páncreas
AMARILLO, DORADO

4. Chakra corazón
corazón, parte inferior de los pulmones, circulación, piel, manos, timo
VERDE, ROSADO, DORADO

5. Chakra garganta
voz, garganta, bronquios, parte superior de los pulmones, tiroides, paratiroides
AZUL CLARO

6. Chakra frente / tercer ojo
nariz, orejas, ojos, cara, cerebelo, hipófisis
AZUL MARINO, VIOLETA

7. Chakra corona
cráneo, cerebro, glándula pineal
VIOLETA, BLANCO, DORADO

EQUILIBRADO
POCA ENERGÍA
EXCESO DE ENERGÍA
-100% -95% -90% -85% -80% -75% -70% -65% -60% -55% -50% -45% -40% -35% -30% -25% -20% -15% -10% -5% 0% 5% 10% 15% 20% 25% 30% 35% 40% 45% 50% 55% 60% 65% 70% 75% 80% 85% 90% 95% 100%

DIAGRAMA DE CONTROL
Preconcebido
CORRECTO
ERRÓNEO

DIAGRAMA DE CONTROL
CORRECTO
Preconce-bido
ERRÓNEO
Intestino delgado
Vejiga
Riñones
Circulación, sexo
Triple calentador
Vesícula biliar
Hígado
Pulmones
Vaso de concepción
Vaso gobernador
Intestino grueso
Estómago
Bazo, páncreas
Corazón

Flores de Bach

Los tres diagramas laterales pueden usarse para preguntar sobre la toma de Flores de Bach o de Flores de California.

¿Cuántas esencias florales deben utilizarse?

¿Cuántas veces al día debe tomarse el preparado?

¿Durante cuánto tiempo tiene que tomarse el preparado?

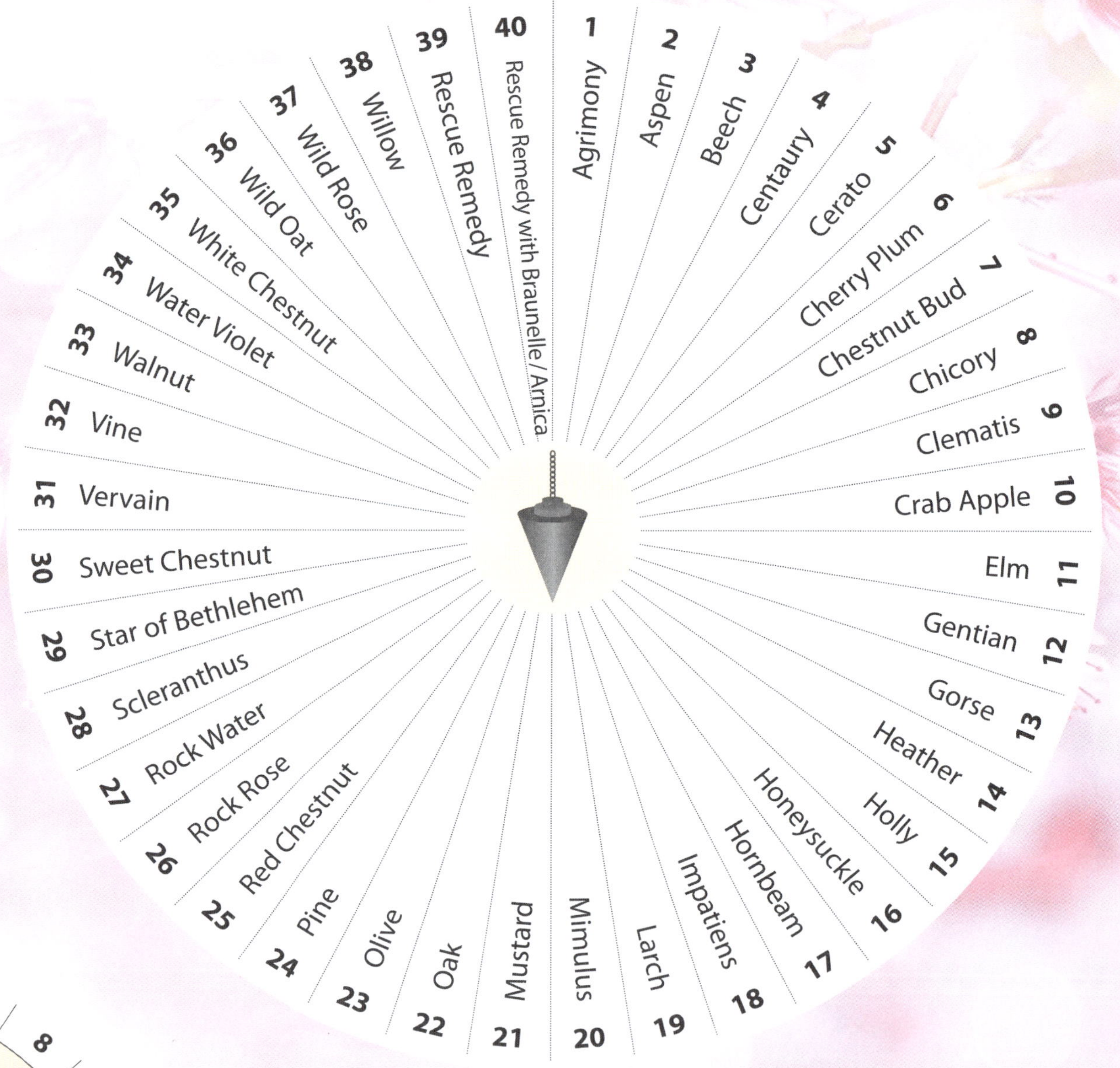

Flores de California

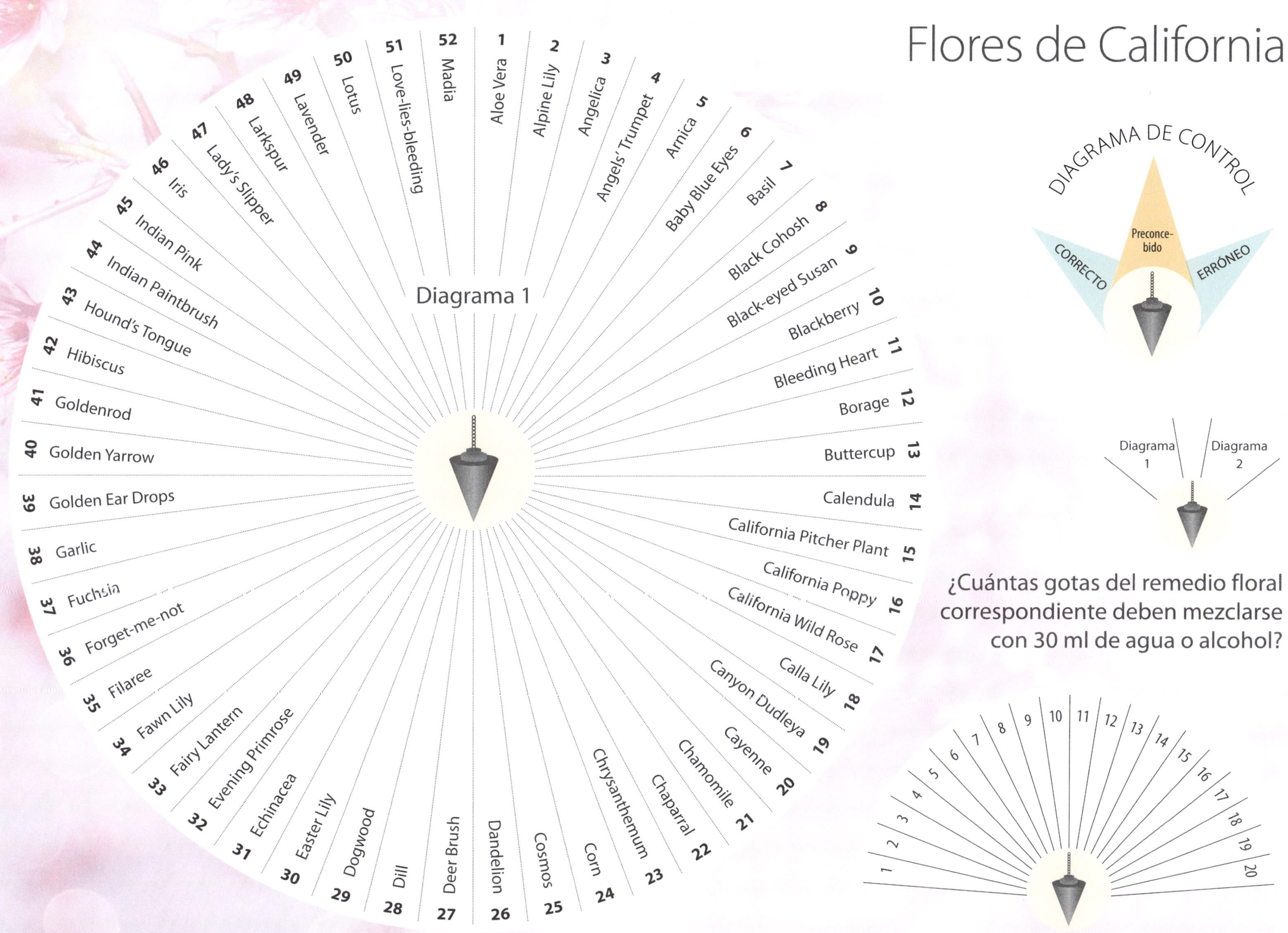

Flores de California

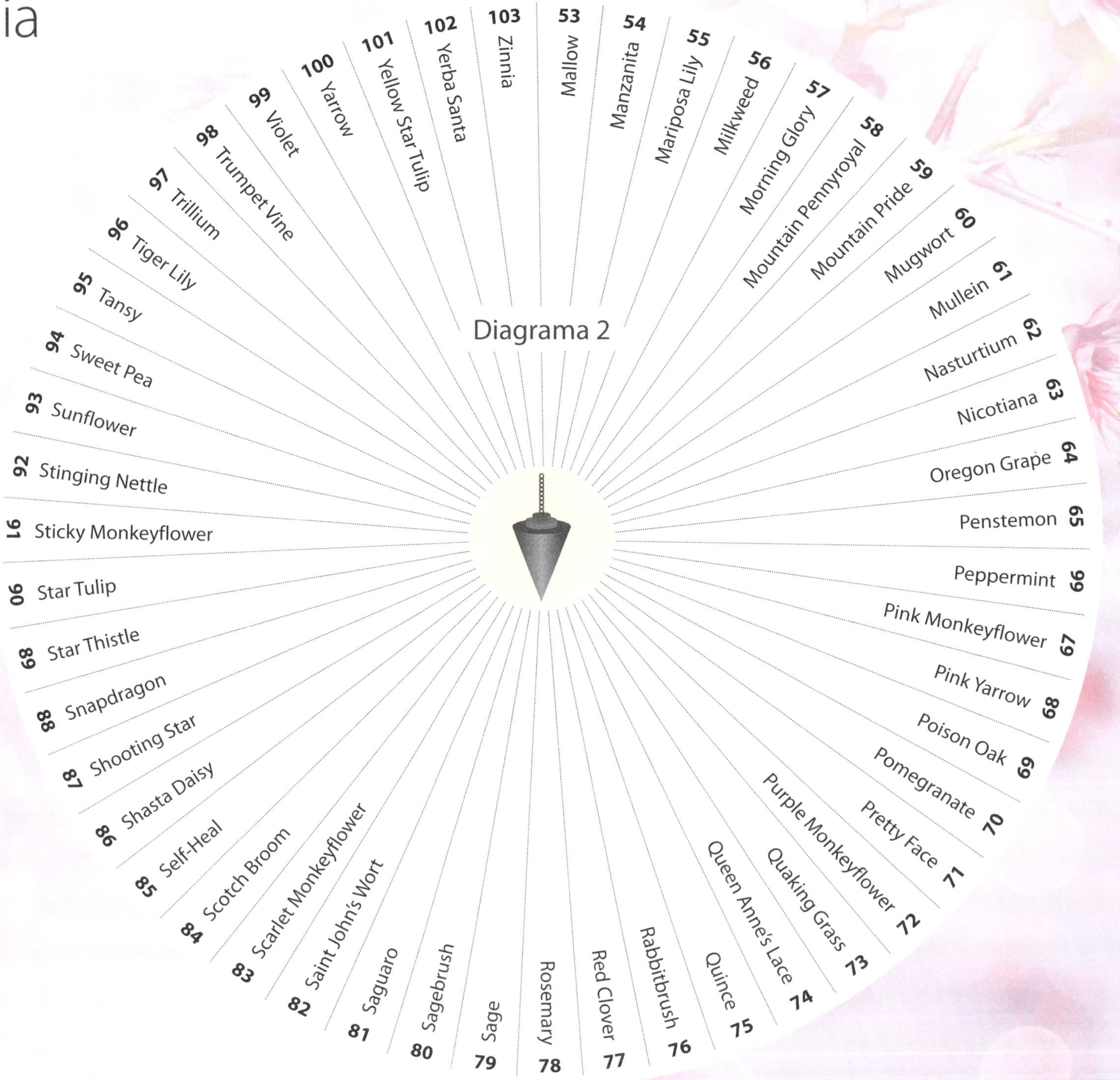

Diagrama 2

Seres de Luz, Esencias de los Maestros

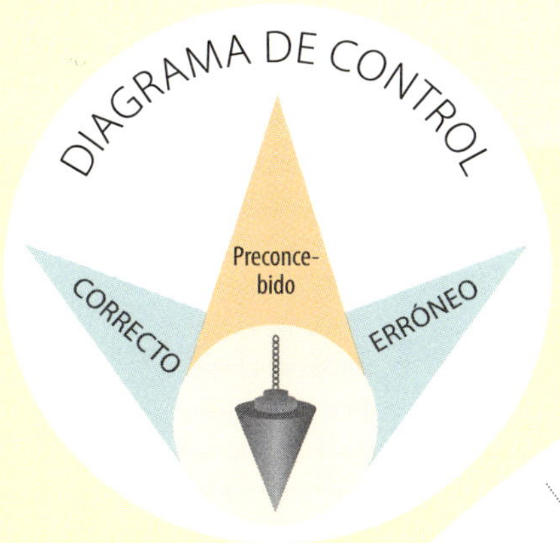

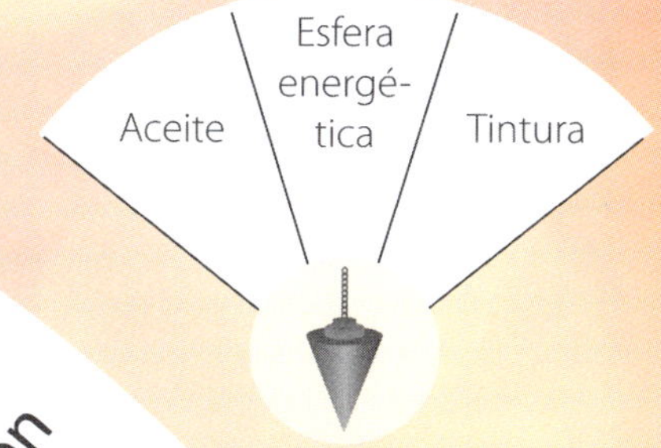

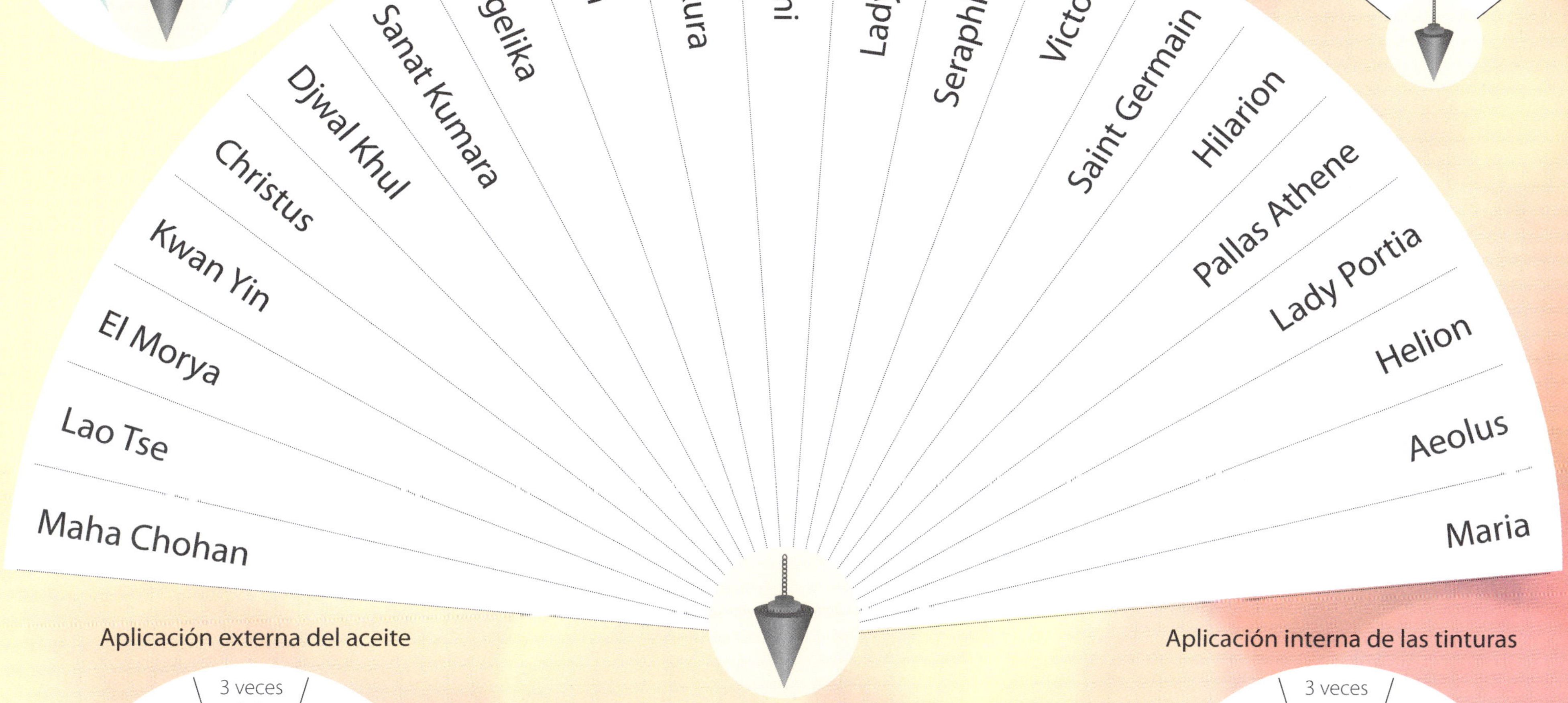

Aplicación externa del aceite

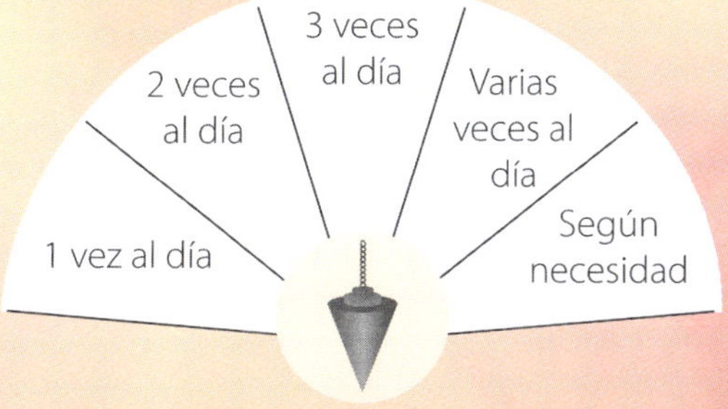

Aplicación interna de las tinturas

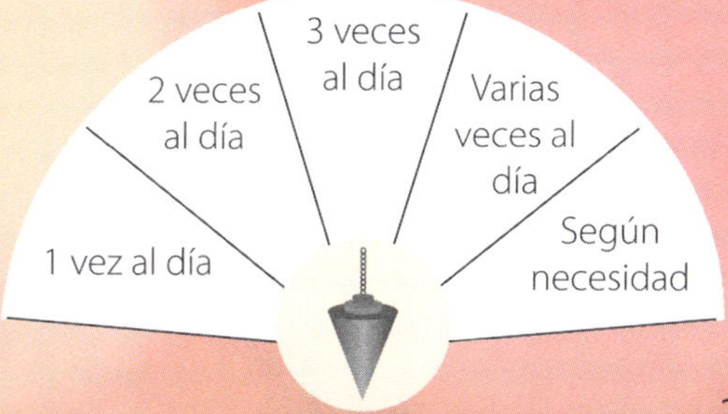

Esencias Equilibrium de Aura-Soma

¿En qué diagrama encontraré la esencia Equilibrium adecuada?

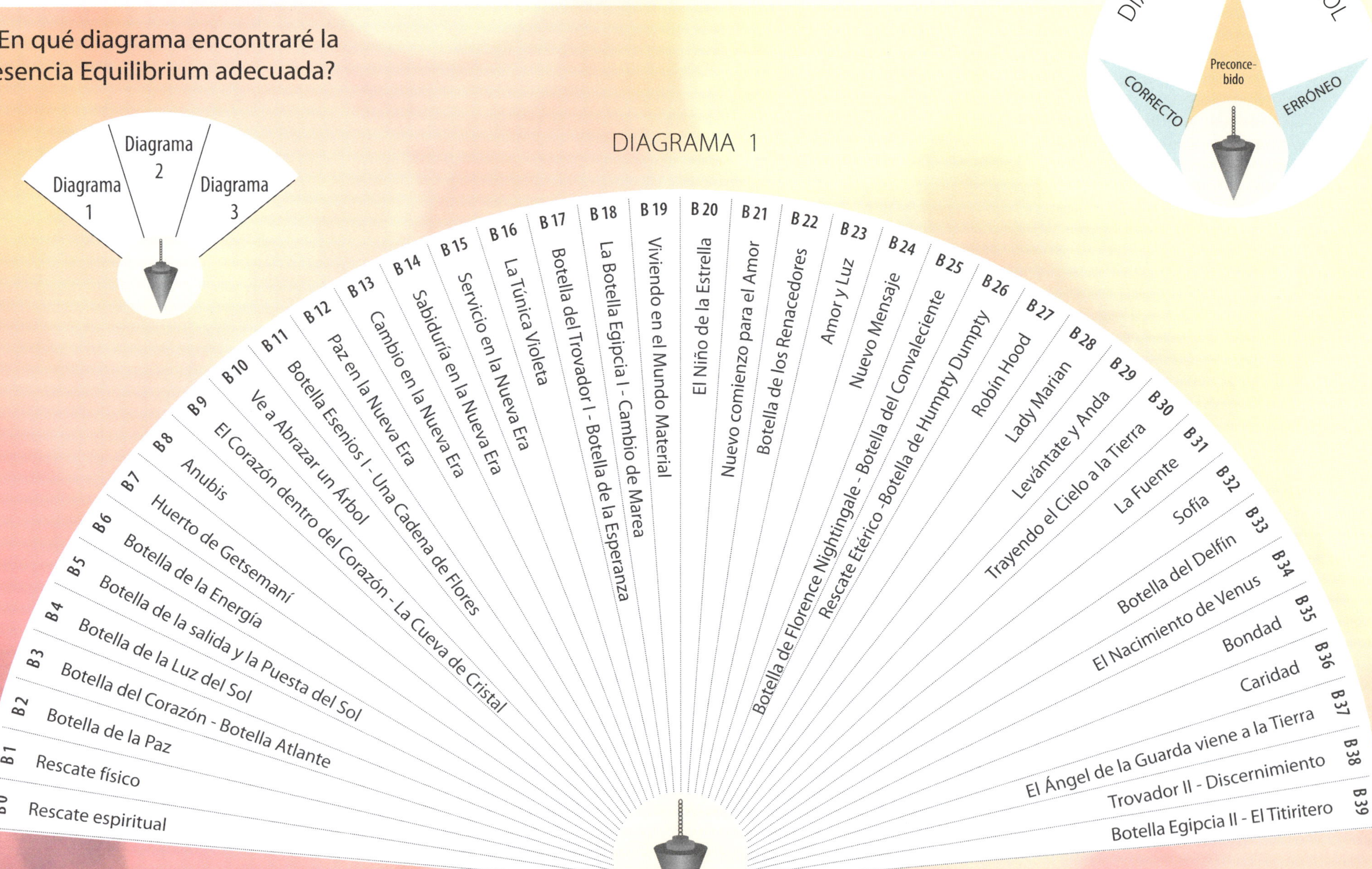

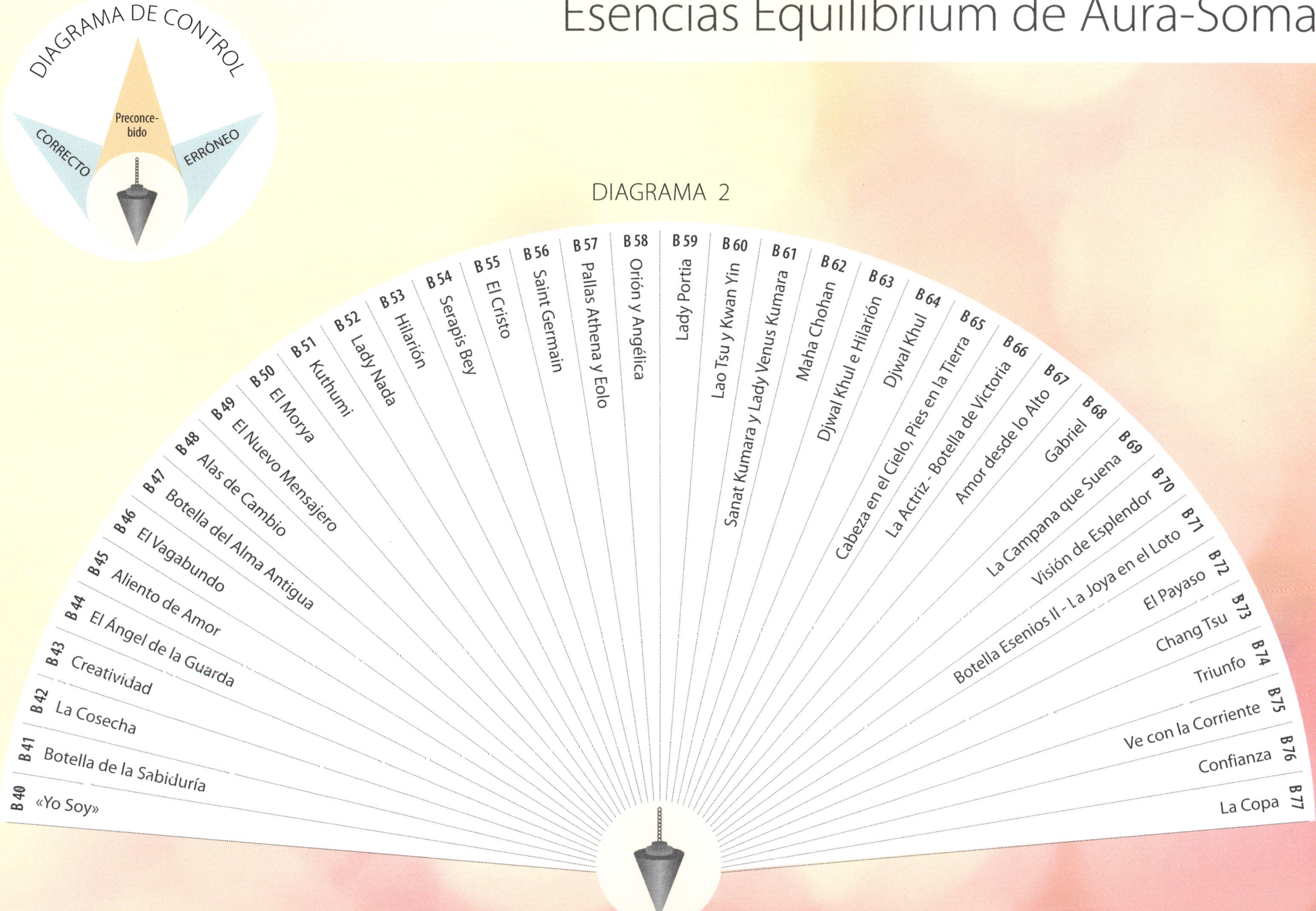

DIAGRAMA DE CONTROL
CORRECTO
Preconcebido
ERRÓNEO

DIAGRAMA 2

B 40 «Yo Soy»
B 41 Botella de la Sabiduría
B 42 La Cosecha
B 43 Creatividad
B 44 El Ángel de la Guarda
B 45 Aliento de Amor
B 46 El Vagabundo
B 47 Botella del Alma Antigua
B 48 Alas de Cambio
B 49 El Nuevo Mensajero
B 50 El Morya
B 51 Kuthumi
B 52 Lady Nada
B 53 Hilarión
B 54 Serapis Bey
B 55 El Cristo
B 56 Saint Germain
B 57 Pallas Athena y Eolo
B 58 Orión y Angélica
B 59 Lady Portia
B 60 Lao Tsu y Kwan Yin
B 61 Sanat Kumara y Lady Venus Kumara
B 62 Maha Chohan
B 63 Djwal Khul e Hilarión
B 64 Djwal Khul
B 65 Cabeza en el Cielo, Pies en la Tierra
B 66 La Actriz - Botella de Victoria
B 67 Amor desde lo Alto
B 68 Gabriel
B 69 La Campana que Suena
B 70 Visión de Esplendor
B 71 Botella Esenios II - La Joya en el Loto
B 72 El Payaso
B 73 Chang Tsu
B 74 Triunfo
B 75 Ve con la Corriente
B 76 Confianza
B 77 La Copa

Esencias Equilibrium de Aura-Soma

DIAGRAMA 3

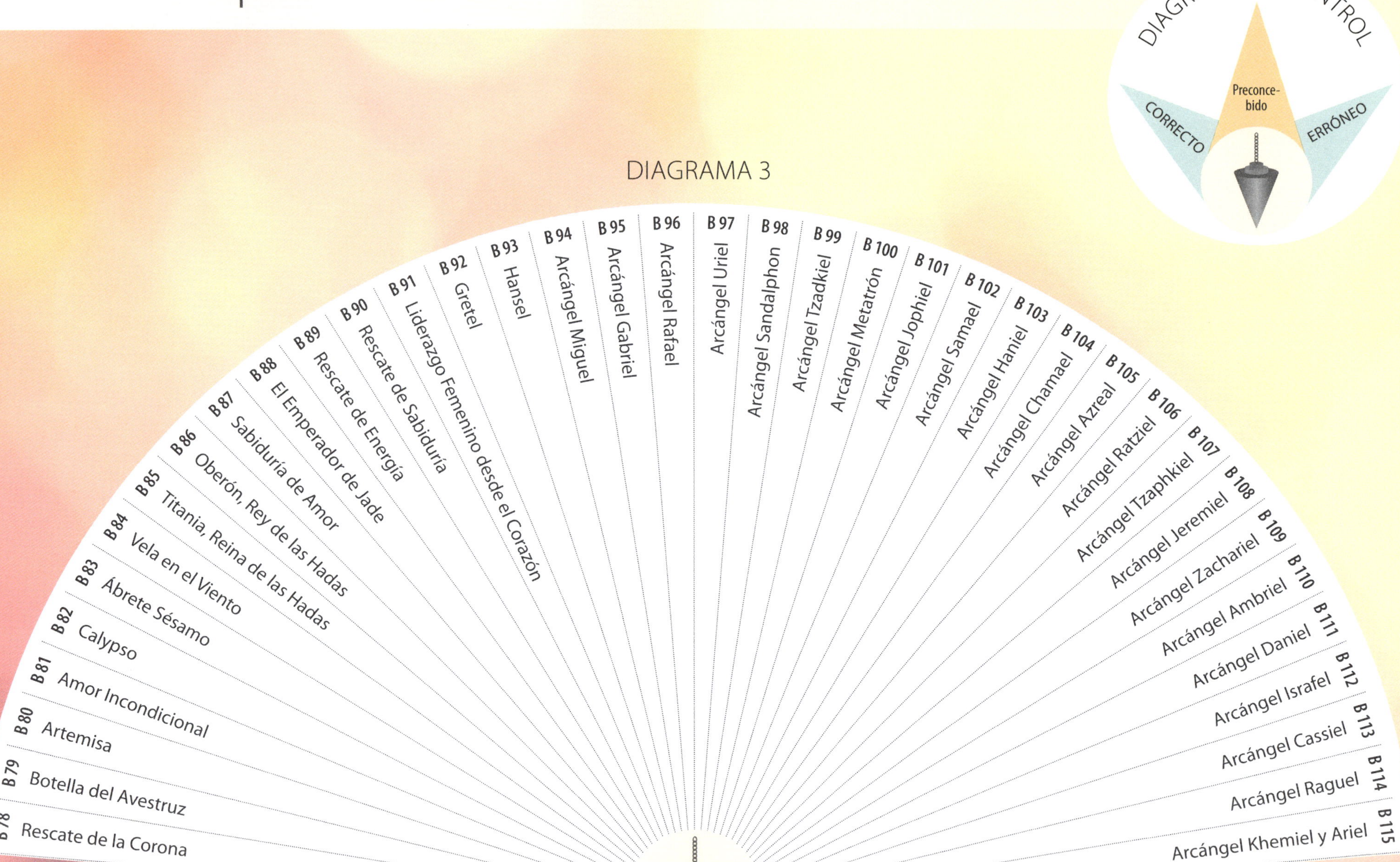

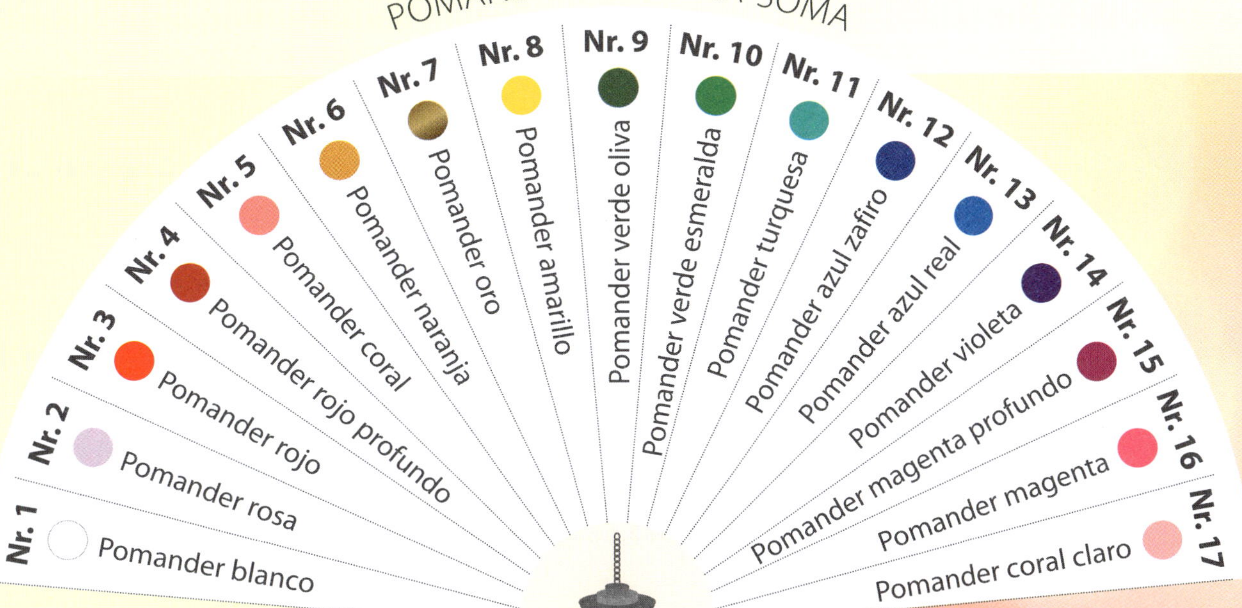
POMANDERS DE AURA-SOMA
Nr. 1 Pomander blanco
Nr. 2 Pomander rosa
Nr. 3 Pomander rojo
Nr. 4 Pomander rojo profundo
Nr. 5 Pomander coral
Nr. 6 Pomander naranja
Nr. 7 Pomander oro
Nr. 8 Pomander amarillo
Nr. 9 Pomander verde oliva
Nr. 10 Pomander verde esmeralda
Nr. 11 Pomander turquesa
Nr. 12 Pomander azul zafiro
Nr. 13 Pomander azul real
Nr. 14 Pomander violeta
Nr. 15 Pomander magenta profundo
Nr. 16 Pomander magenta
Nr. 17 Pomander coral claro

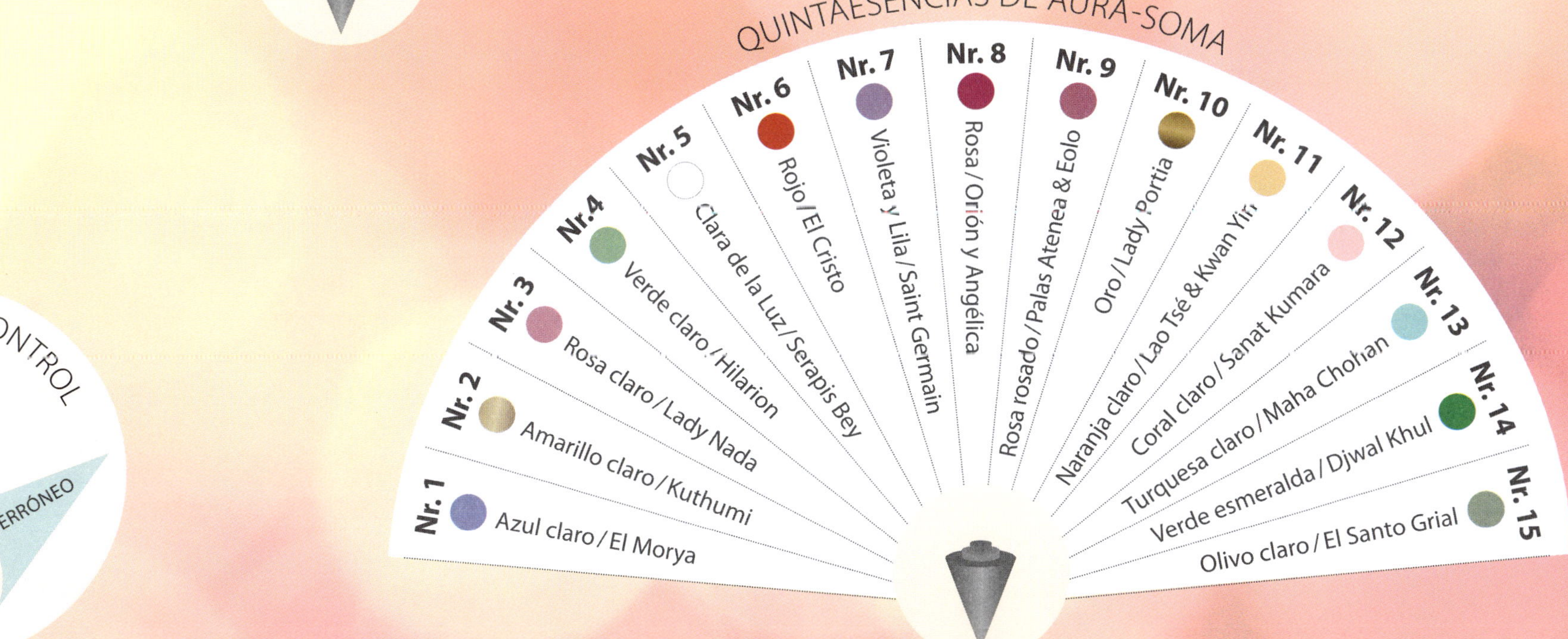
QUINTAESENCIAS DE AURA-SOMA
Nr. 1 Azul claro / El Morya
Nr. 2 Amarillo claro / Kuthumi
Nr. 3 Rosa claro / Lady Nada
Nr. 4 Verde claro / Hilarion
Nr. 5 Clara de la Luz / Serapis Bey
Nr. 6 Rojo / El Cristo
Nr. 7 Violeta y Lila / Saint Germain
Nr. 8 Rosa / Orión y Angélica
Nr. 9 Rosa rosado / Palas Atenea & Eolo
Nr. 10 Oro / Lady Portia
Nr. 11 Naranja claro / Lao Tsé & Kwan Yin
Nr. 12 Coral claro / Sanat Kumara
Nr. 13 Turquesa claro / Maha Chohan
Nr. 14 Verde esmeralda / Djwal Khul
Nr. 15 Olivo claro / El Santo Grial

DIAGRAMA DE CONTROL
CORRECTO
Preconcebido
ERRÓNEO

Aceites esenciales

¿Cuántos aceites esenciales deben utilizarse?

¿En qué diagrama se encuentra el aceite que debe utilizarse? (Si se utiliza más de un aceite, preguntar uno por uno)

¿Cómo debe utilizarse el aceite esencial?

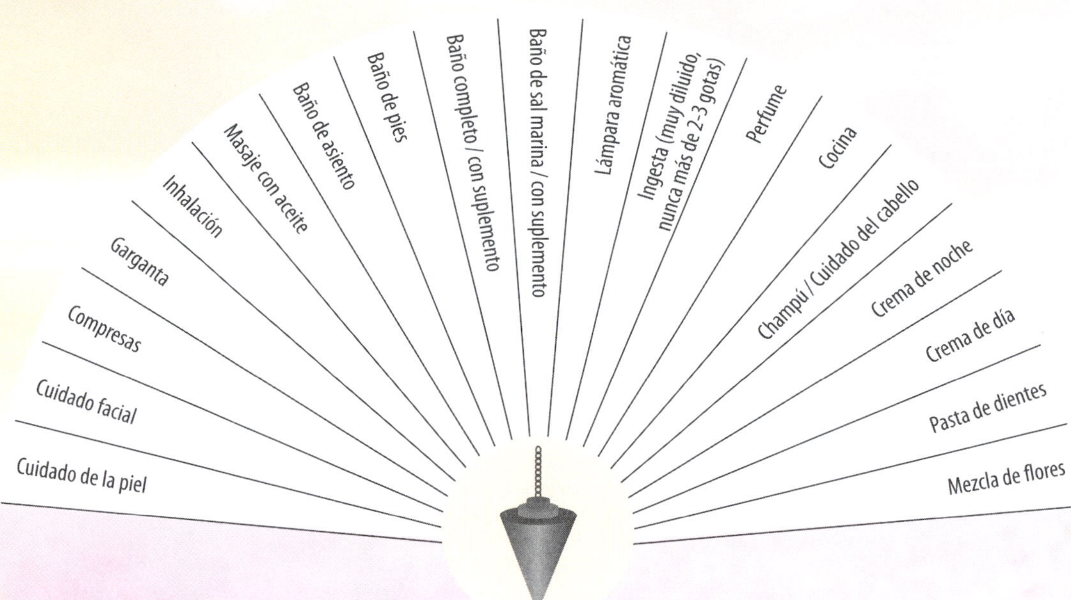

¿Cuántas gotas deben utilizarse?

¿Es necesaria la dilución con un aceite base?

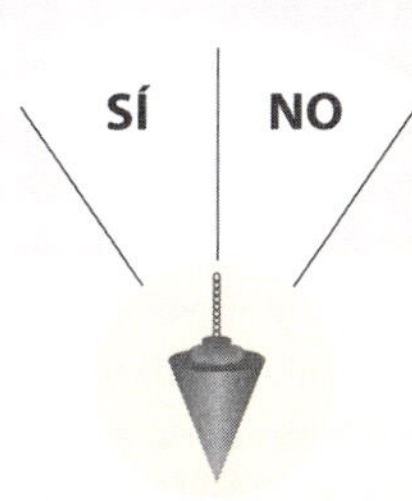

¿Qué aceite base debe utilizarse?

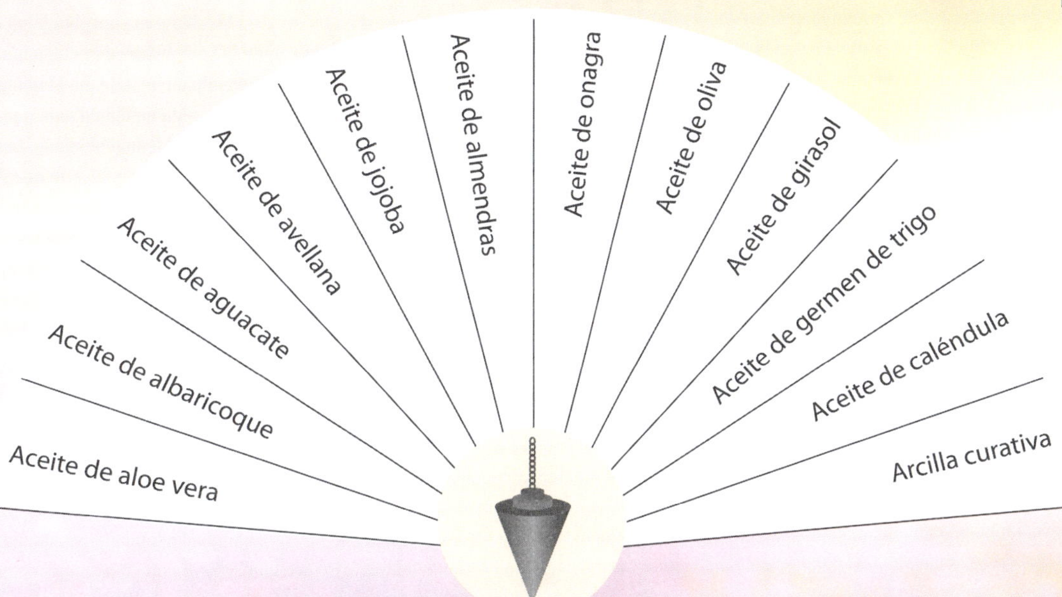

¿En qué cantidad de ml/g de aceite base debe hacerse la mezcla?

¿Cuántas veces al día debe usarse el aceite esencial o la mezcla?

¿Durante cuánto tiempo debe utilizarse el aceite esencial o la mezcla?

Aceites esenciales

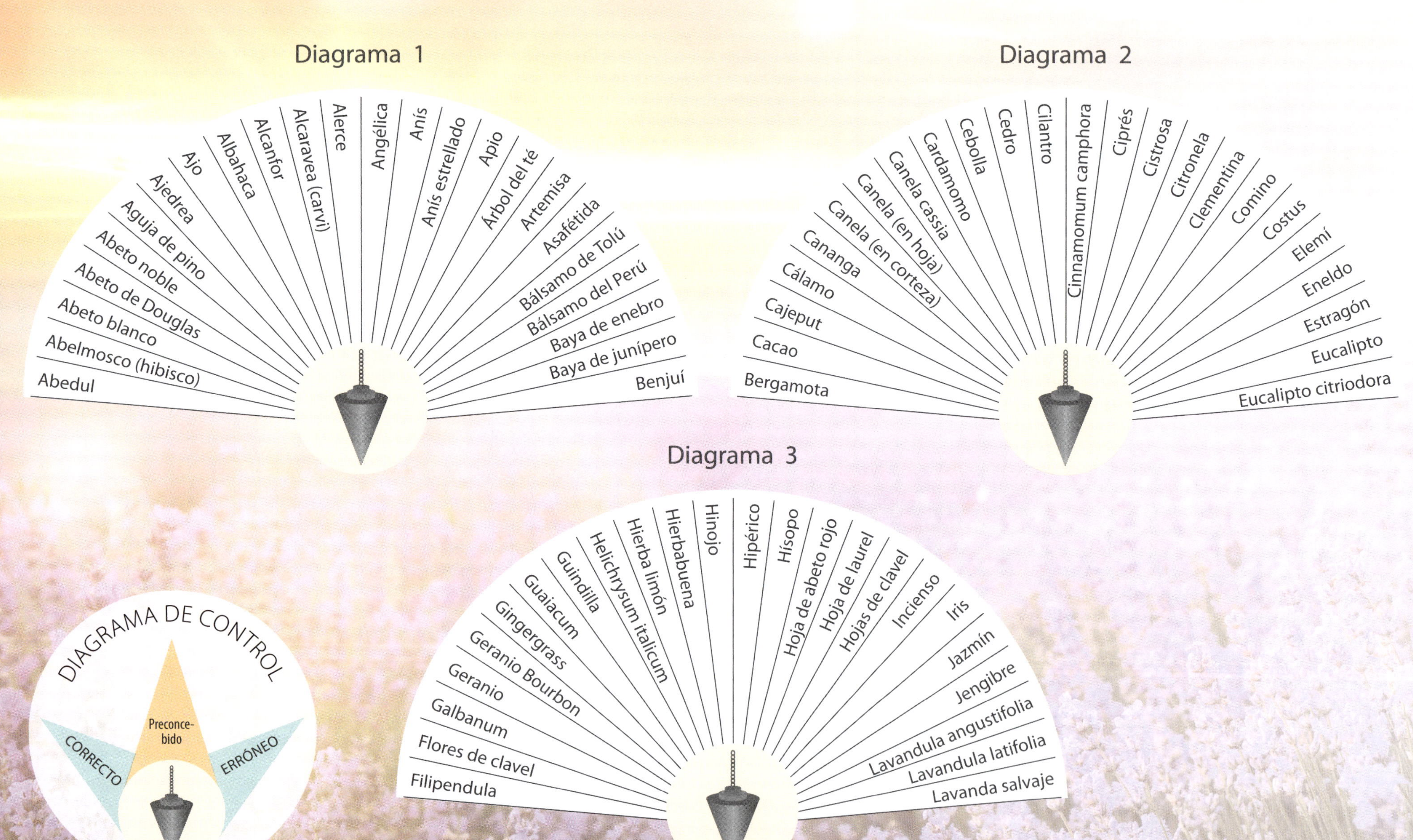

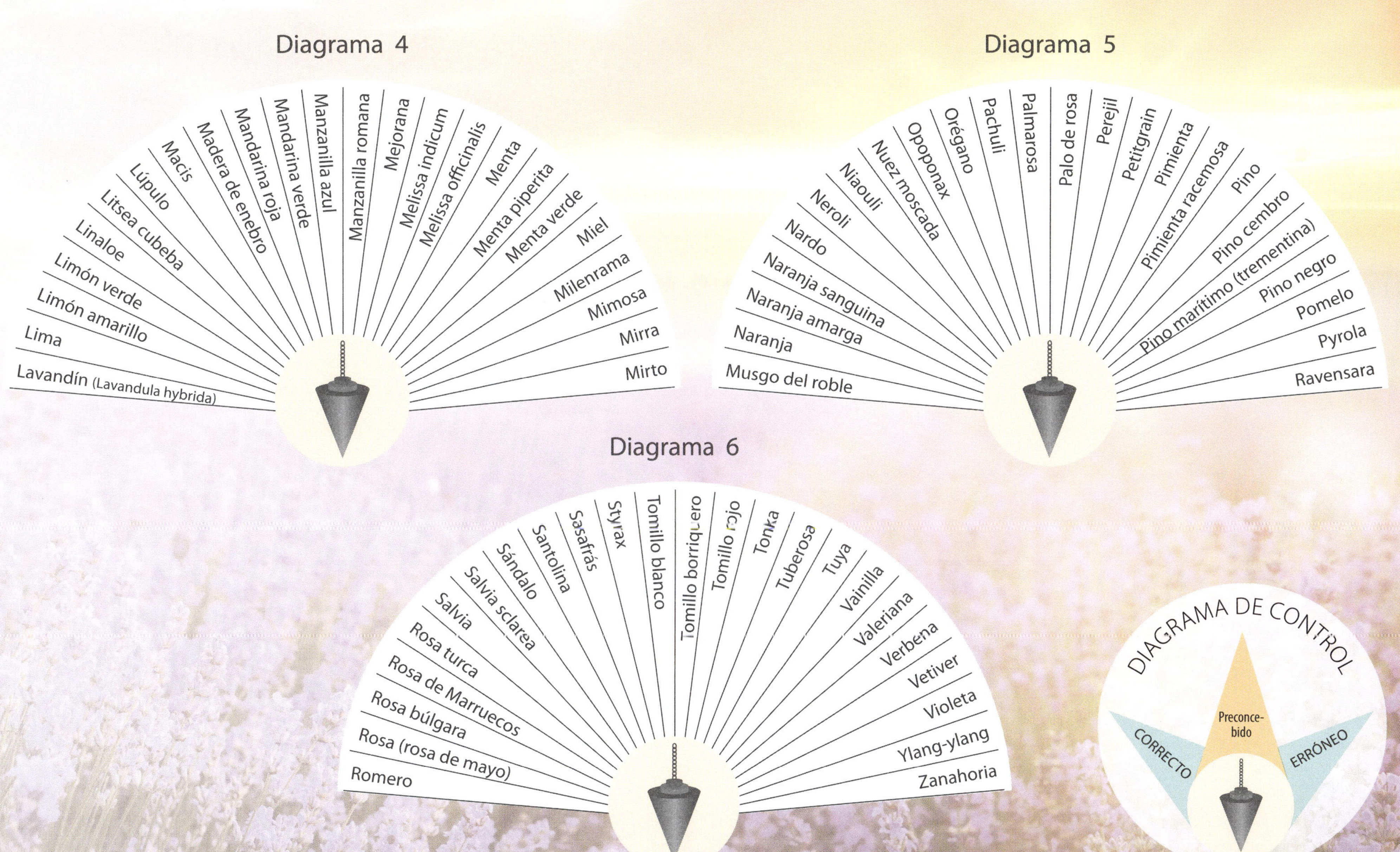

Diagrama 4
Lavandín (Lavandula hybrida)
Lima
Limón amarillo
Limón verde
Linaloe
Litsea cubeba
Lúpulo
Macis
Madera de enebro
Mandarina roja
Mandarina verde
Manzanilla azul
Manzanilla romana
Mejorana
Melissa indicum
Melissa officinalis
Menta
Menta piperita
Menta verde
Miel
Milenrama
Mimosa
Mirra
Mirto

Diagrama 5
Musgo del roble
Naranja
Naranja amarga
Naranja sanguina
Nardo
Neroli
Niaouli
Nuez moscada
Opoponax
Orégano
Pachuli
Palmarosa
Palo de rosa
Perejil
Petitgrain
Pimienta
Pimienta racemosa
Pino
Pino cembro
Pino marítimo (trementina)
Pino negro
Pomelo
Pyrola
Ravensara

Diagrama 6
Romero
Rosa (rosa de mayo)
Rosa búlgara
Rosa de Marruecos
Rosa turca
Salvia
Salvia sclarea
Sándalo
Santolina
Sasafrás
Styrax
Tomillo blanco
Tomillo borriquero
Tomillo rojo
Tonka
Tuberosa
Tuya
Vainilla
Valeriana
Verbena
Vetiver
Violeta
Ylang-ylang
Zanahoria

DIAGRAMA DE CONTROL
CORRECTO
Preconce-bido
ERRÓNEO

Árboles

¿Qué debe utilizarse?
Madera, ramas
Capullos
Corteza
Frutos
Resina
Aceites esenciales
Semillas
Flores
Hojas o agujas
¿Cómo debe utilizarse?
Abrazo
Alimento
Rallado
Ablución
En polvo / especias
Frotado
Incienso
Ungüento
Baño
Compresa
Té
Tintura
Meditación
DIAGRAMA DE CONTROL
CORRECTO
Preconcebido
ERRÓNEO
Abedul
Abeto
Abeto rojo
Agracejo
Alerce
Aliso
Arce
Avellano
Boj
Carpe
Castaño
Cedro
Cerezo
Ciprés
Ciruelo silvestre
Endrino
Enebro
Espino blanco
Fresno
Haya
Laurel
Lila
Manzano
Membrillo
Nogal
Olmo
Pasto
Peral
Pino
Pino cembra
Roble
Saúco
Serbal
Tejo
Tilo
Tuya

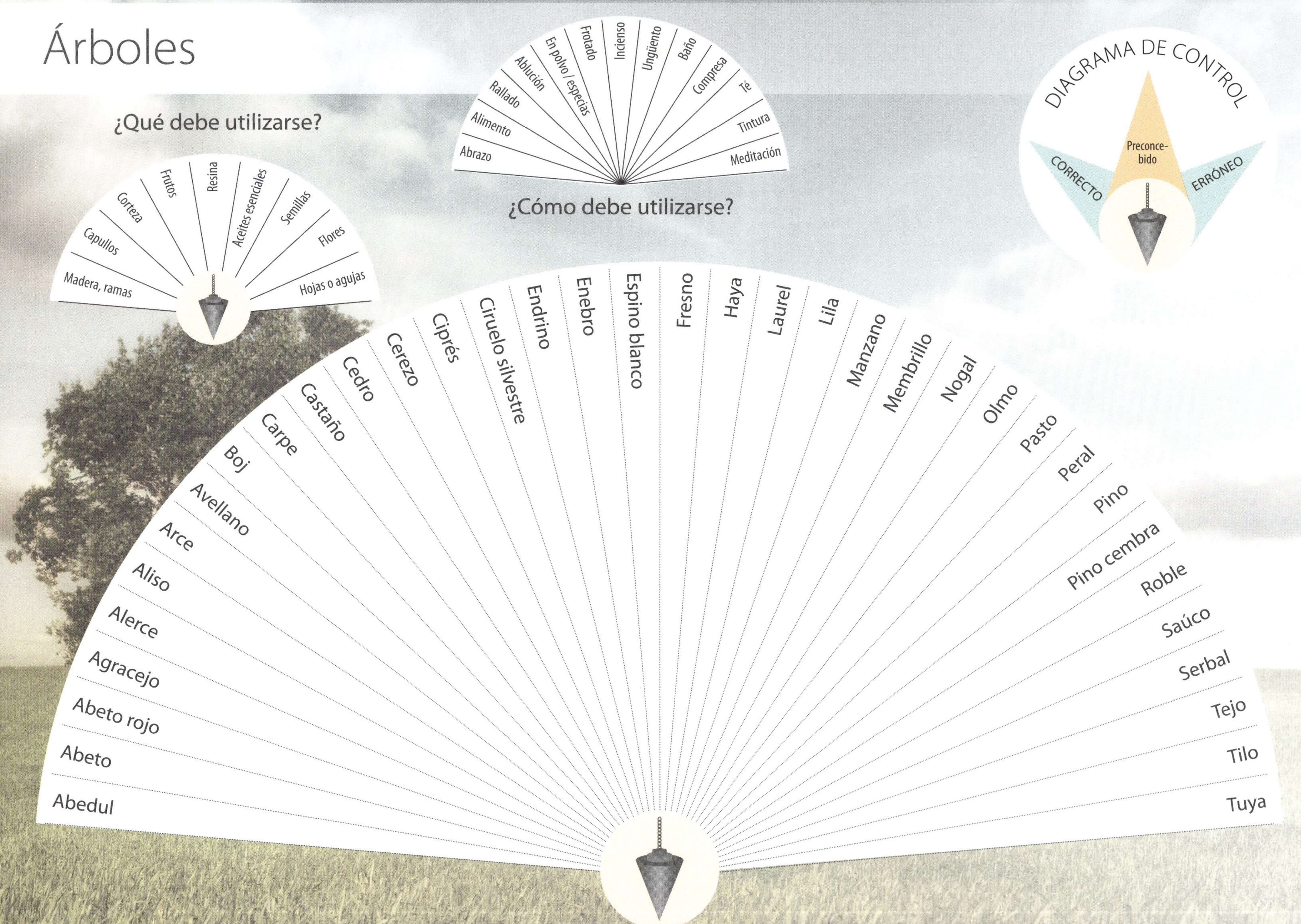

Inciensos

Inciensos con resinas, bálsamos y maderas.

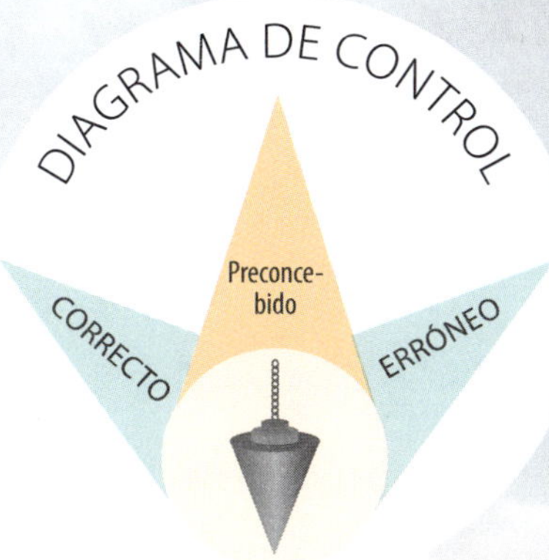

Diagnósticos

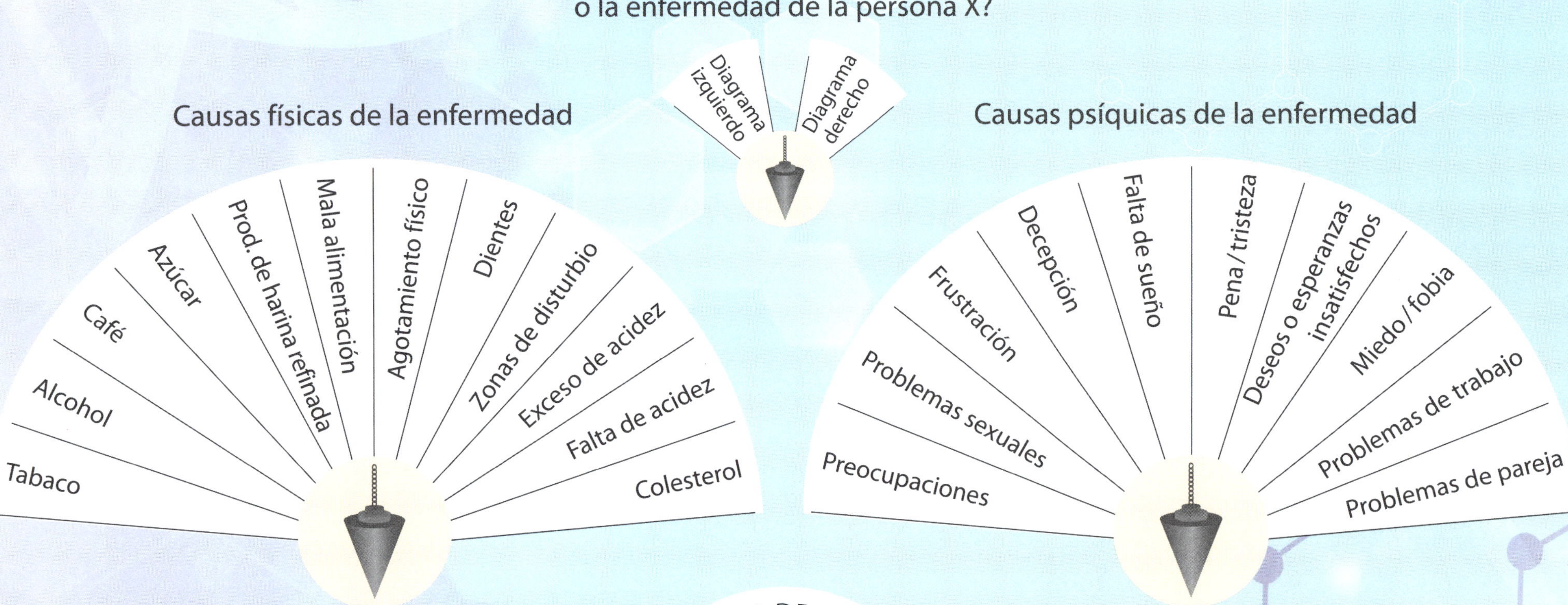

Diagnósticos

¿Cuáles son las partes del cuerpo afectadas por la enfermedad?
¿En qué partes del cuerpo debe iniciarse el tratamiento?

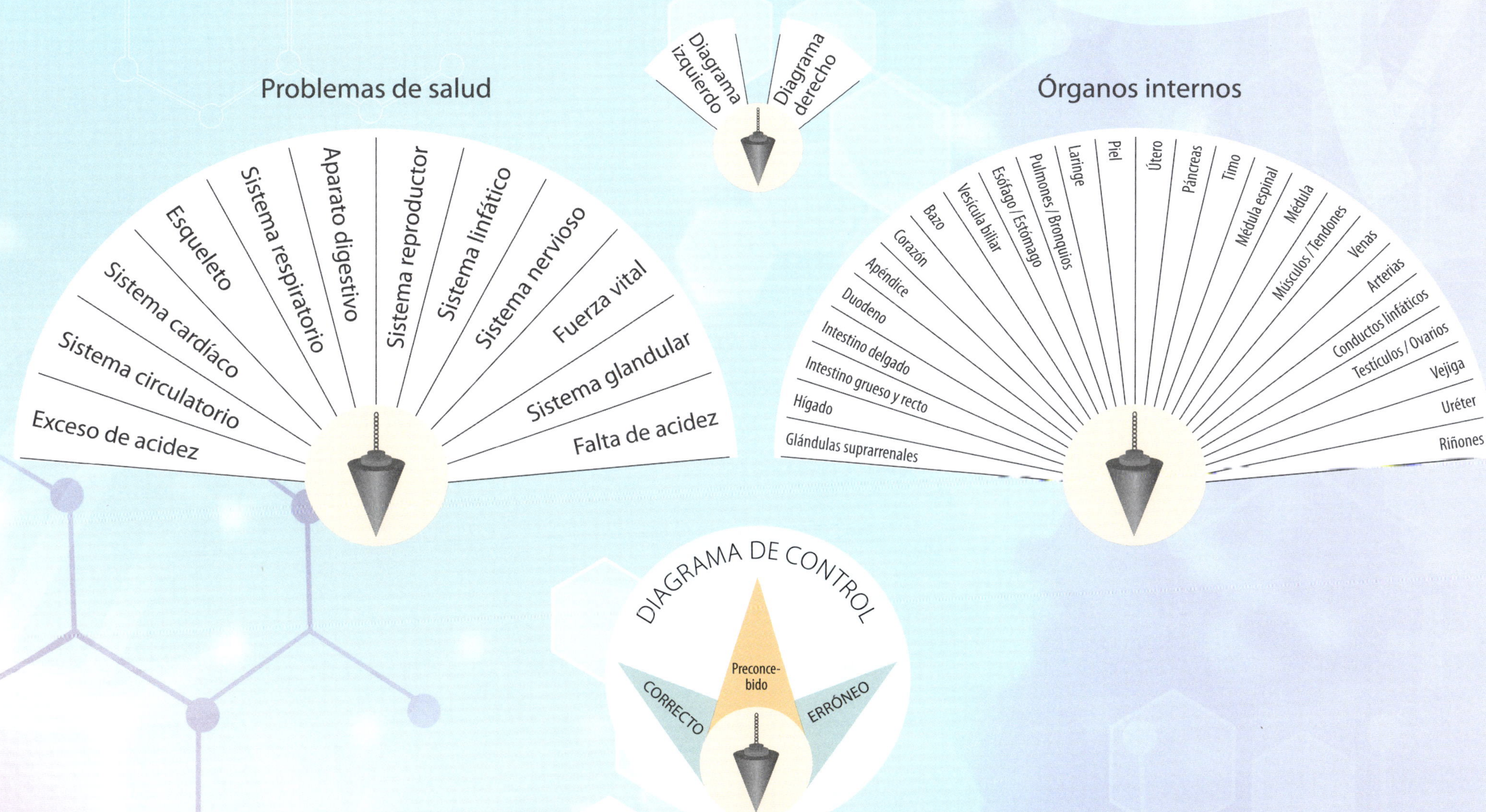

Diagnósticos

¿Cuáles son las partes del cuerpo afectadas por la enfermedad?
¿En qué partes del cuerpo debe iniciarse el tratamiento?

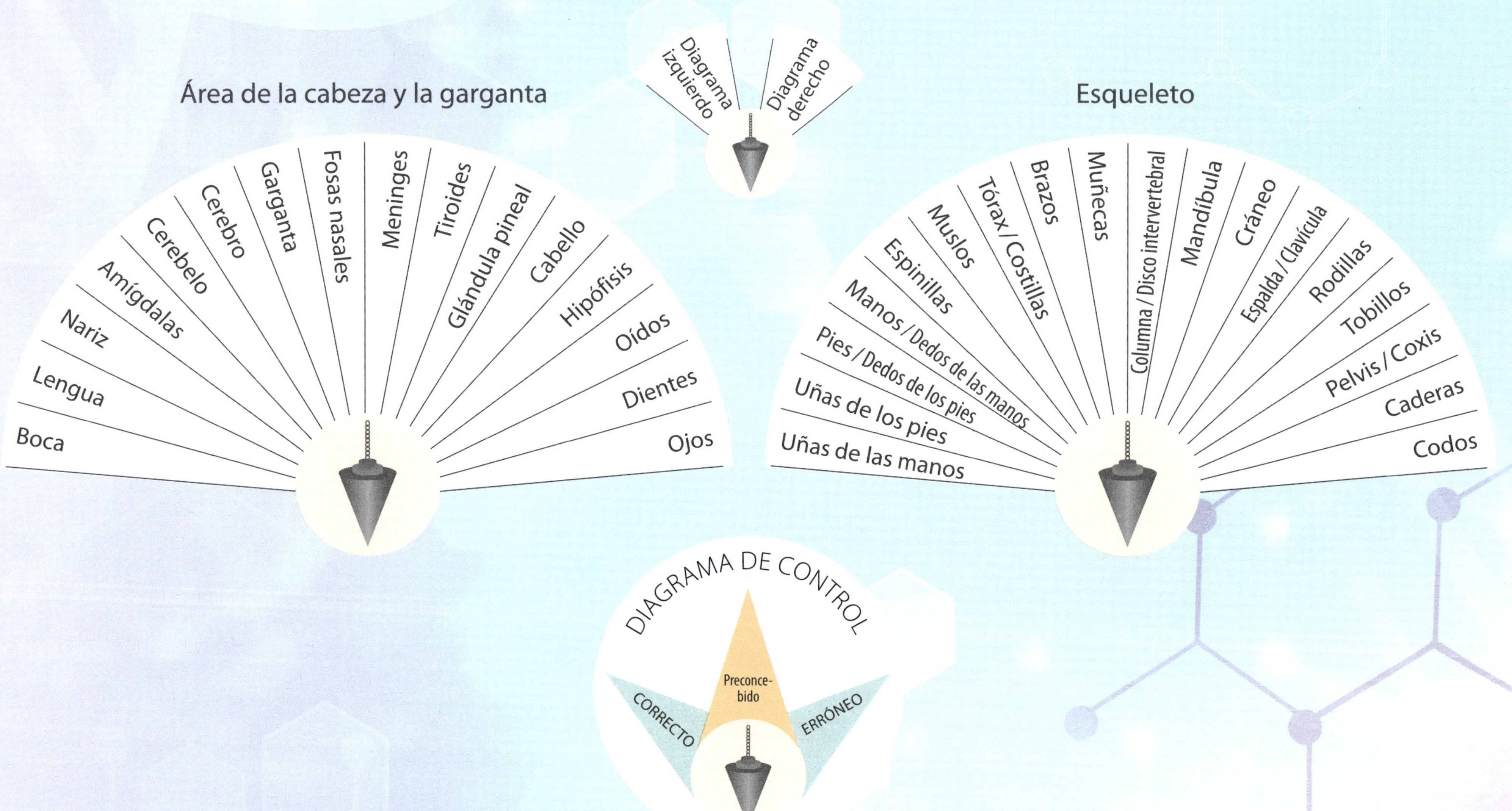

¿A cuánto está mi presión arterial o la presión arterial de la persona X?
Primero pregunta por la sistólica, luego por la diastólica.

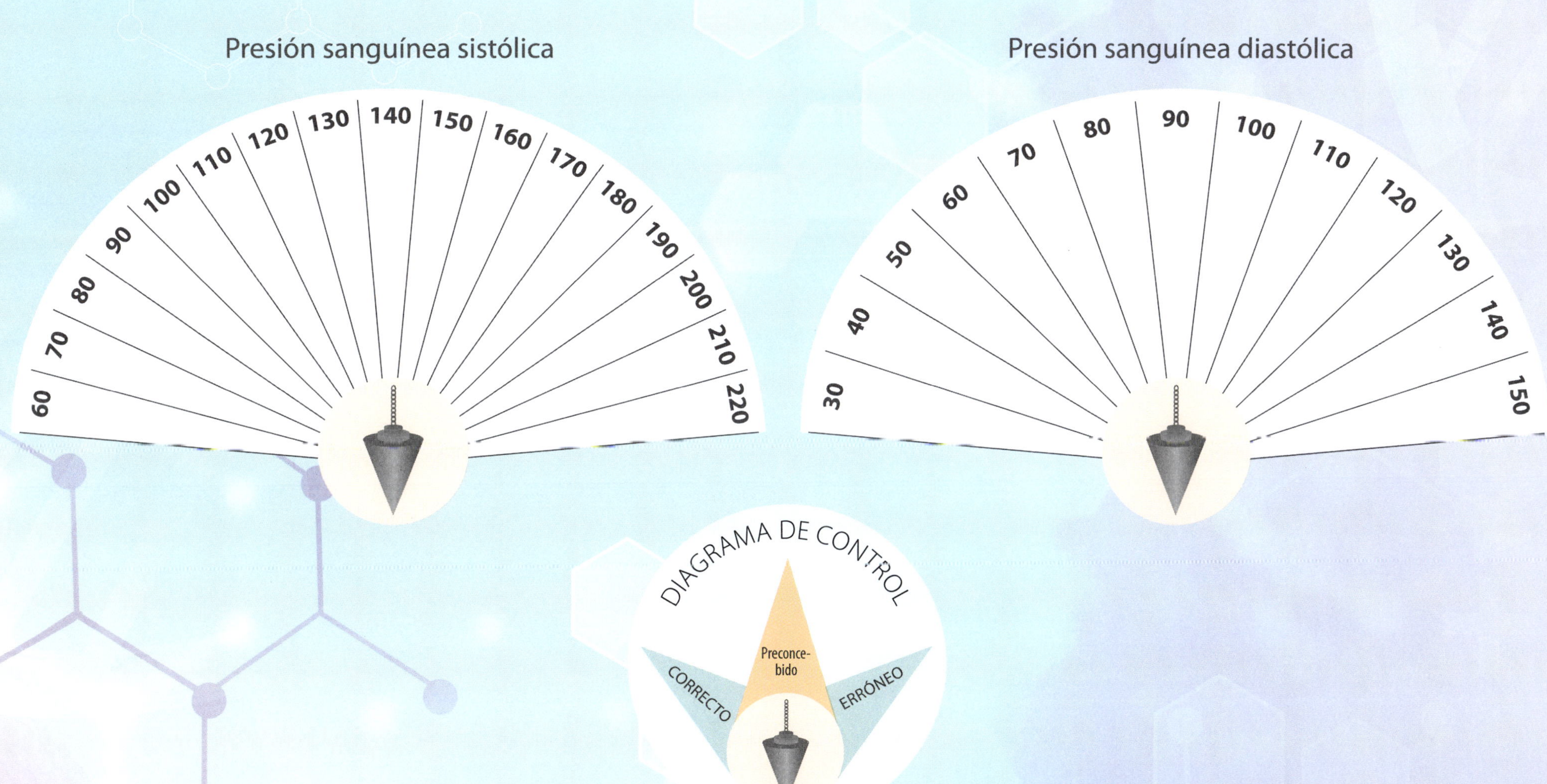

La terapia adecuada

También existe la posibilidad de que tú o la persona X necesite varias terapias. Pregunta en el diagrama de los números (pág.16) cuántas terapias serían necesarias, y después consulta con el péndulo el diagrama de las terapias.

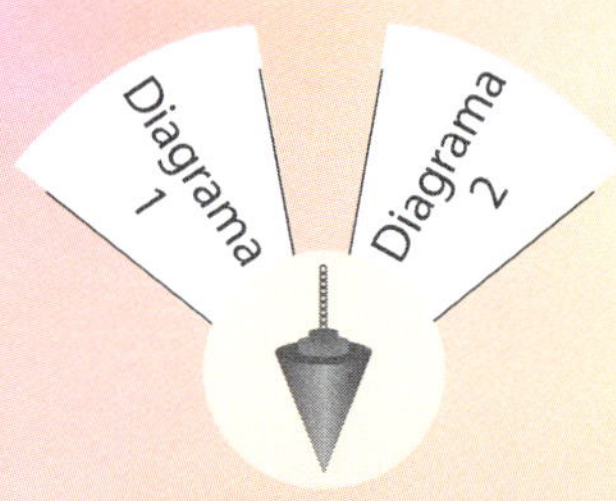

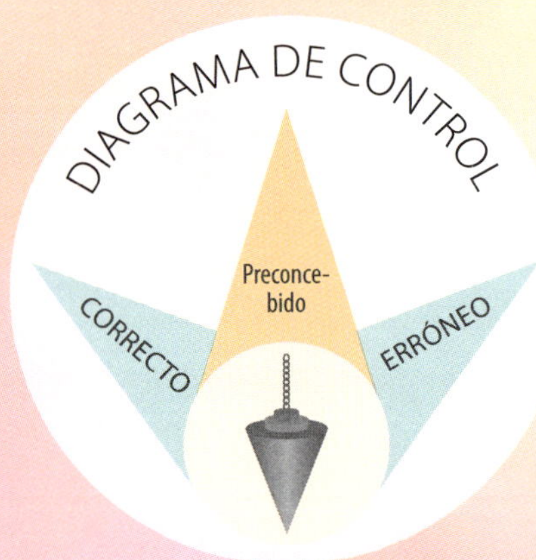

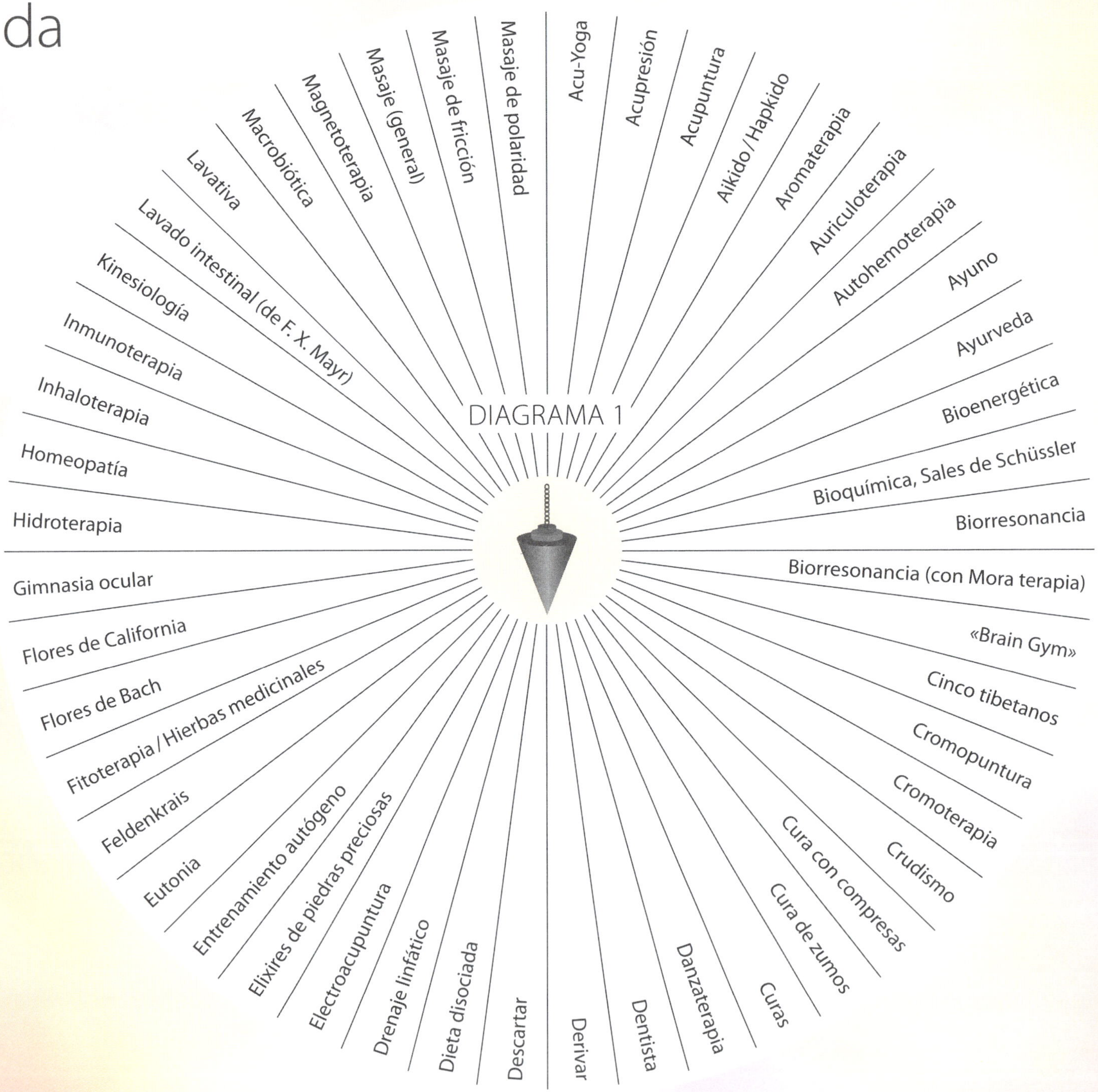

Diagrama 1
Diagrama 2

DIAGRAMA DE CONTROL
Preconce-bido
CORRECTO
ERRÓNEO

DIAGRAMA 1
Acu-Yoga
Acupresión
Acupuntura
Aikido / Hapkido
Aromaterapia
Auriculoterapia
Autohemoterapia
Ayuno
Ayurveda
Bioenergética
Bioquímica, Sales de Schüssler
Biorresonancia
Biorresonancia (con Mora terapia)
«Brain Gym»
Cinco tibetanos
Cromopuntura
Cromoterapia
Crudismo
Cura con compresas
Cura de zumos
Curas
Danzaterapia
Dentista
Derivar
Descartar
Dieta disociada
Drenaje linfático
Electroacupuntura
Elixires de piedras preciosas
Entrenamiento autógeno
Eutonia
Feldenkrais
Fitoterapia / Hierbas medicinales
Flores de Bach
Flores de California
Gimnasia ocular
Hidroterapia
Homeopatía
Inhaloterapia
Inmunoterapia
Kinesiología
Lavado intestinal (de F. X. Mayr)
Lavativa
Macrobiótica
Magnetoterapia
Masaje (general)
Masaje de fricción
Masaje de polaridad

La terapia adecuada

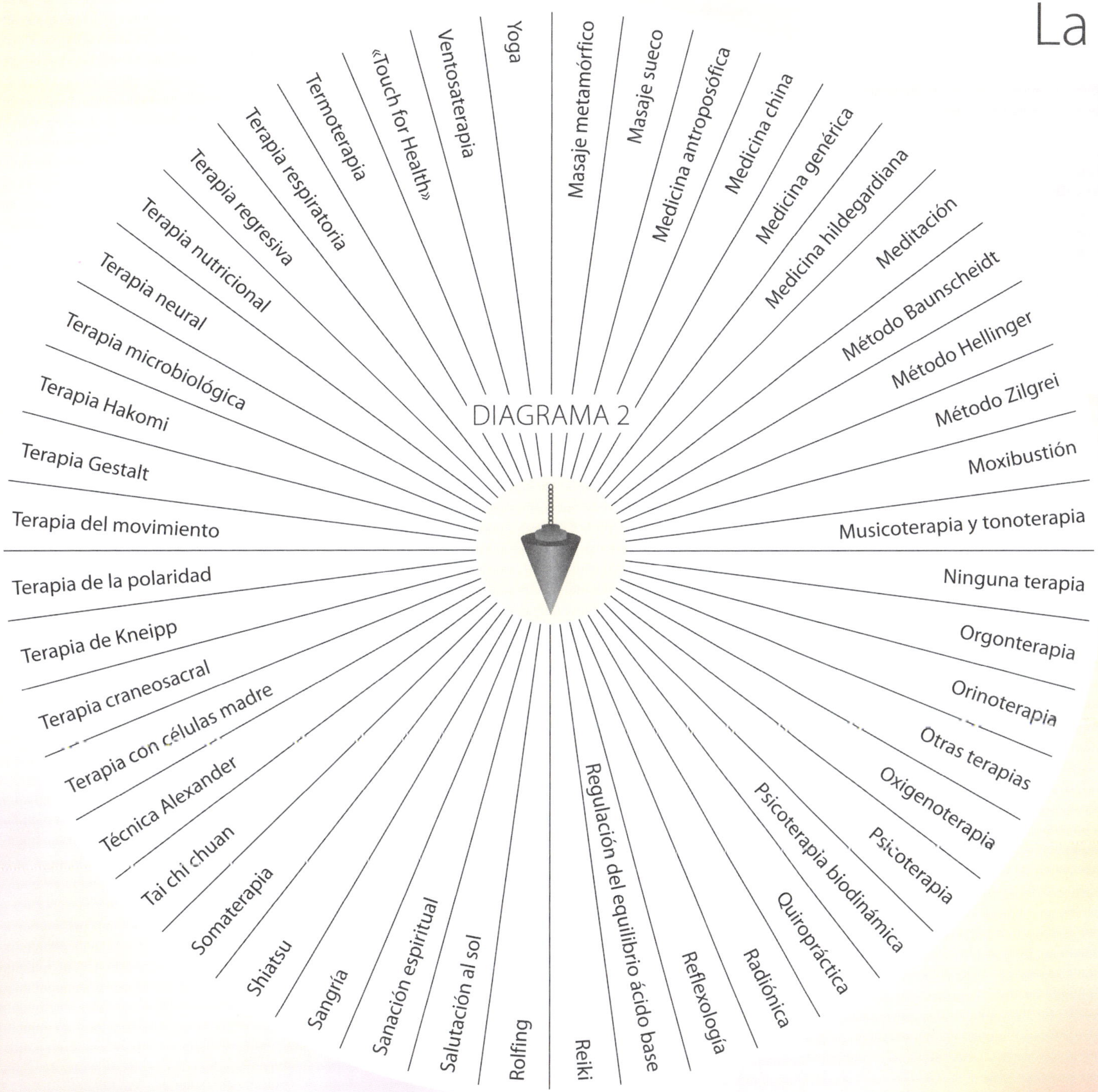

DIAGRAMA 2
Masaje metamórfico
Masaje sueco
Medicina antroposófica
Medicina china
Medicina genérica
Medicina hildegardiana
Meditación
Método Baunscheidt
Método Hellinger
Método Zilgrei
Moxibustión
Musicoterapia y tonoterapia
Ninguna terapia
Orgonterapia
Orinoterapia
Otras terapias
Oxigenoterapia
Psicoterapia
Psicoterapia biodinámica
Quiropráctica
Radiónica
Reflexología
Regulación del equilibrio ácido base
Reiki
Rolfing
Salutación al sol
Sanación espiritual
Sangría
Shiatsu
Somaterapia
Tai chi chuan
Técnica Alexander
Terapia con células madre
Terapia craneosacral
Terapia de Kneipp
Terapia de la polaridad
Terapia del movimiento
Terapia Gestalt
Terapia Hakomi
Terapia microbiológica
Terapia neural
Terapia nutricional
Terapia regresiva
Terapia respiratoria
Termoterapia
«Touch for Health»
Ventosaterapia
Yoga

DIAGRAMA DE CONTROL
Preconce-
bido
CORRECTO
ERRÓNEO

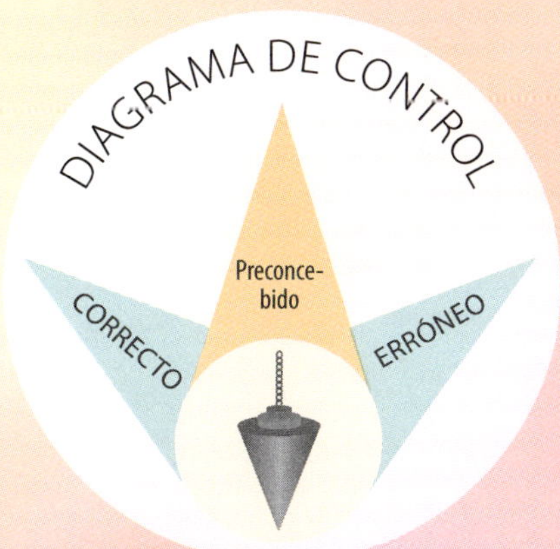

Homeopatía

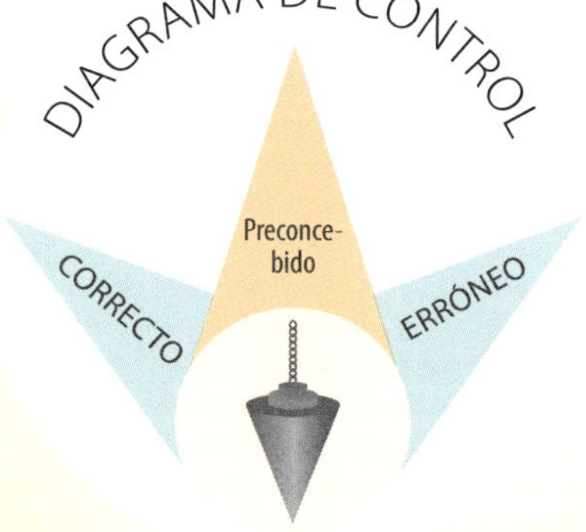

Nota:

Las terapias con productos homeopáticos tan solo están dirigidas a personas expertas. Los siguientes diagramas servirán de apoyo a médicos y sanadores que trabajen con la homeopatía y el péndulo. Para poder determinar los productos homeopáticos que hay que utilizar (diagnóstico y recetas) resulta indispensable poseer un exhaustivo conocimiento sobre la homeopatía, mucha práctica con el péndulo y… ¡Una cierta dosis de sentido común!

¿En qué diagrama encontraré el producto adecuado para mí o para la persona X?

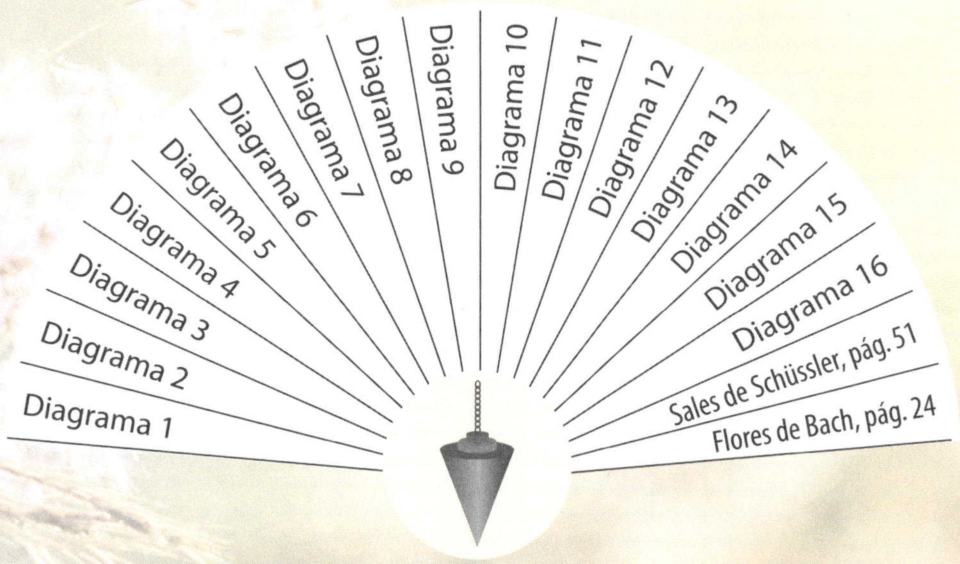

¿Qué potencia debe tener el producto ingerido?

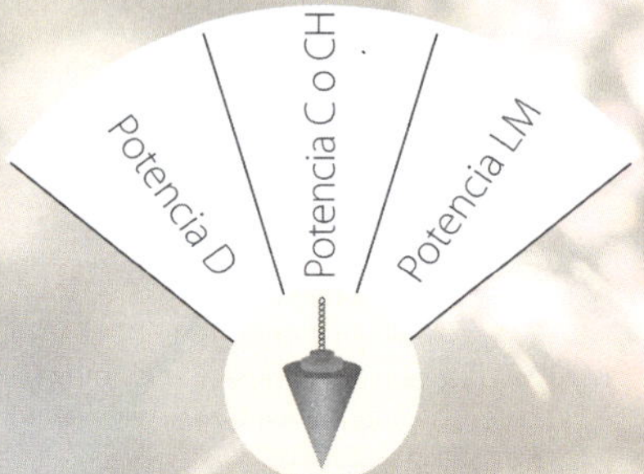

"""

Homeopatía

¿Qué preparado farmacéutico debe tener el producto a utilizar?

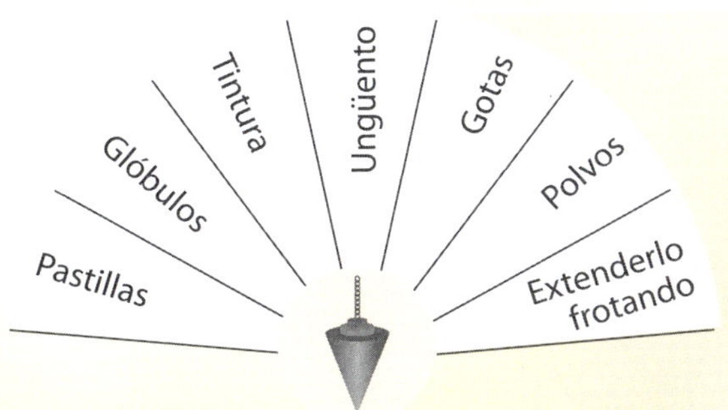

¿Durante cuánto tiempo debe utilizarse el producto?

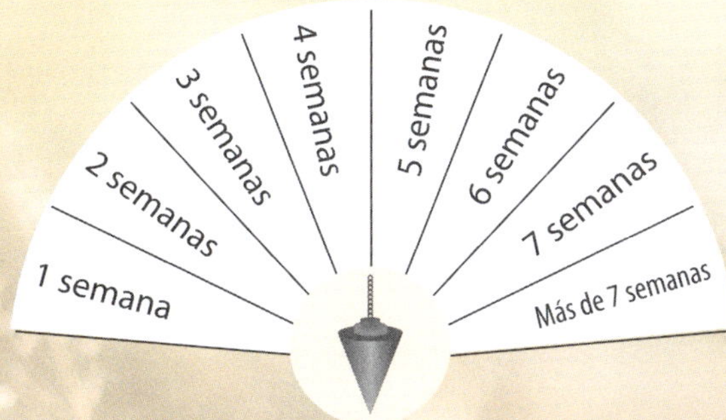

¿Con qué frecuencia debe utilizarse el producto?

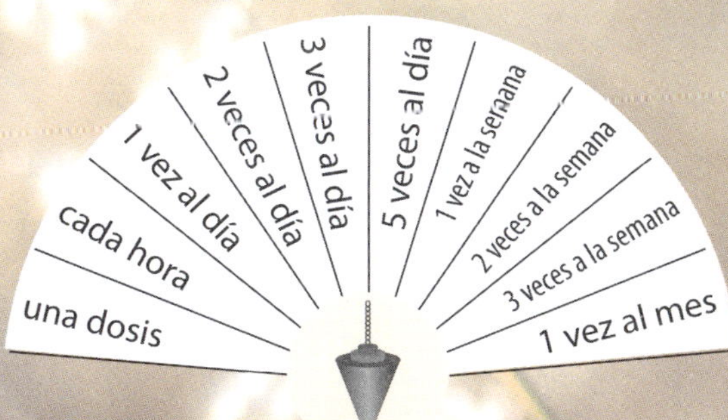

DIAGRAMA 1

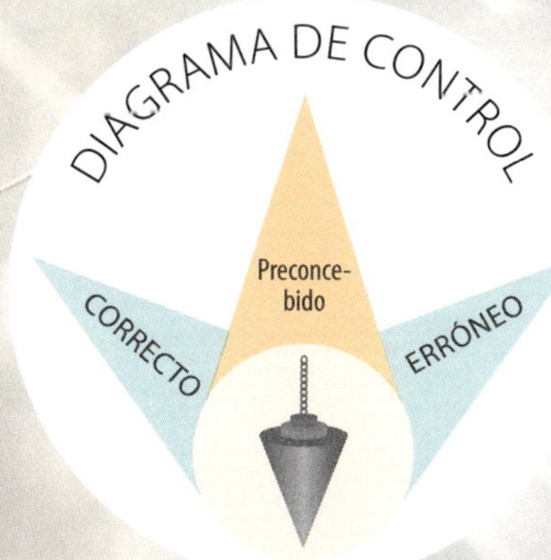

Homeopatía

DIAGRAMA 2
Aletris farinose
Aloe
Alumina
Ambra
Ammonium bromatum
Ammonium carbonicum
Ammonium causticum
Ammonium muriaticum
Anacardium
Angustura
Antimonium arsenicum
Antimonium crudum
Antimonium sulfuratum aurantiacum
Antimonium tartaricum
Apis mellifica
Apisinum
Apocynum
Aralia racemosa
Aranea diadema

DIAGRAMA 3
Argentum nitricum
Arnica
Arsenicum album
Arsenum jodatum
Arum triphyllum
Asa foetida
Asarum
Asclepias tuberosa
Atropinum sulforicum
Aurum muriaticum natronatum
Aurum jodatum
Avena sativa
Baptisia
Barium carbonicum / aceticum
Barium jodatum / muriaticum
Belladonna
Bellis perennis
Berberis
Bismutum nitricum

DIAGRAMA 4
Boletus laricis
Borax
Bovista
Bromum
Bryonia
Bufo
Cactus
Cadmium sulfuricum
Caladium seguinum
Calcium aceticum
Calcium carbonicum
Calcium fluoratum
Calcium hypophosphoricum
Calcium jodatum
Calcium phosphoricum
Calcium sulfuricum
Calendula
Camphora
Cannabis

DIAGRAMA DE CONTROL
CORRECTO
Preconcebido
ERRÓNEO

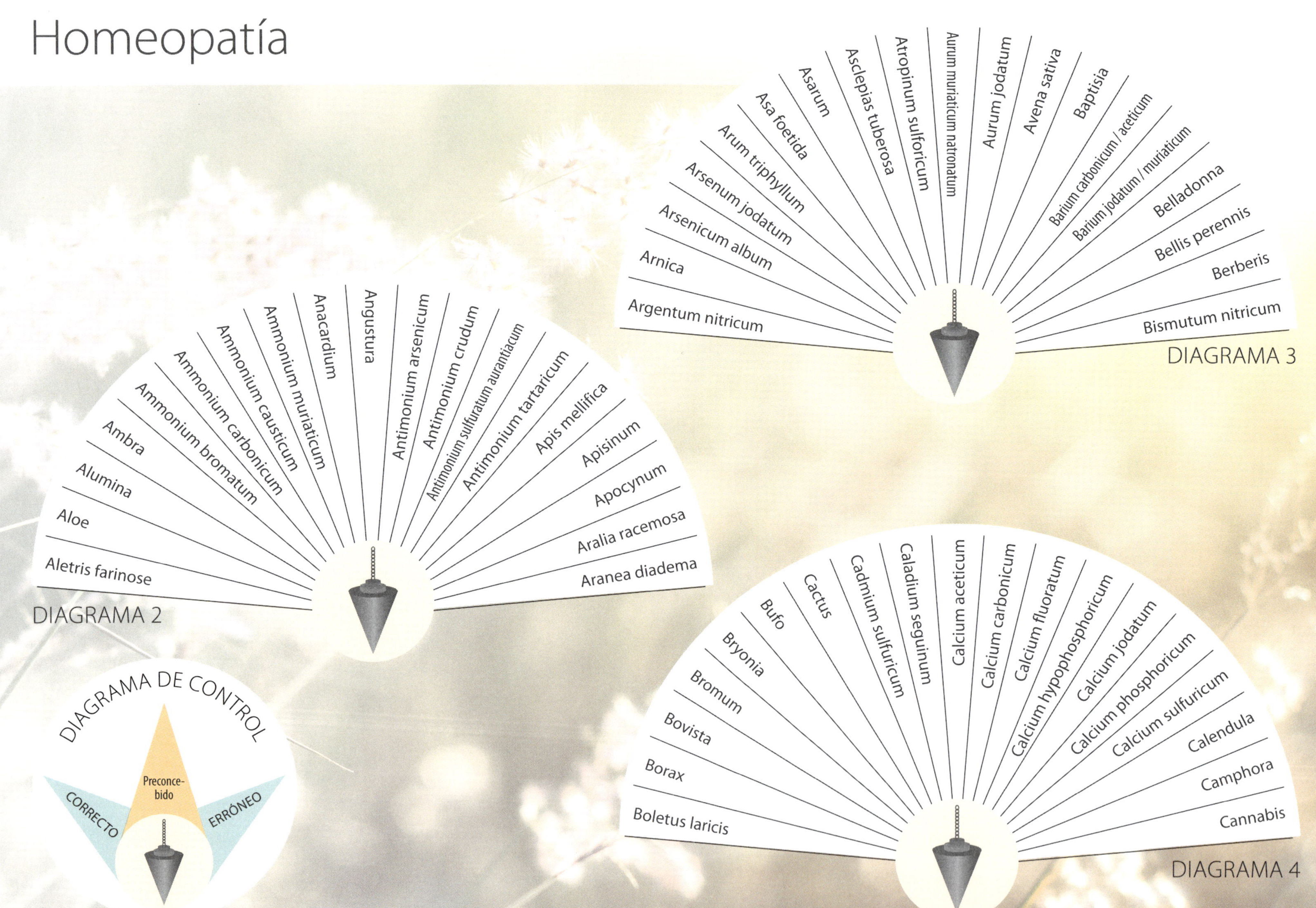

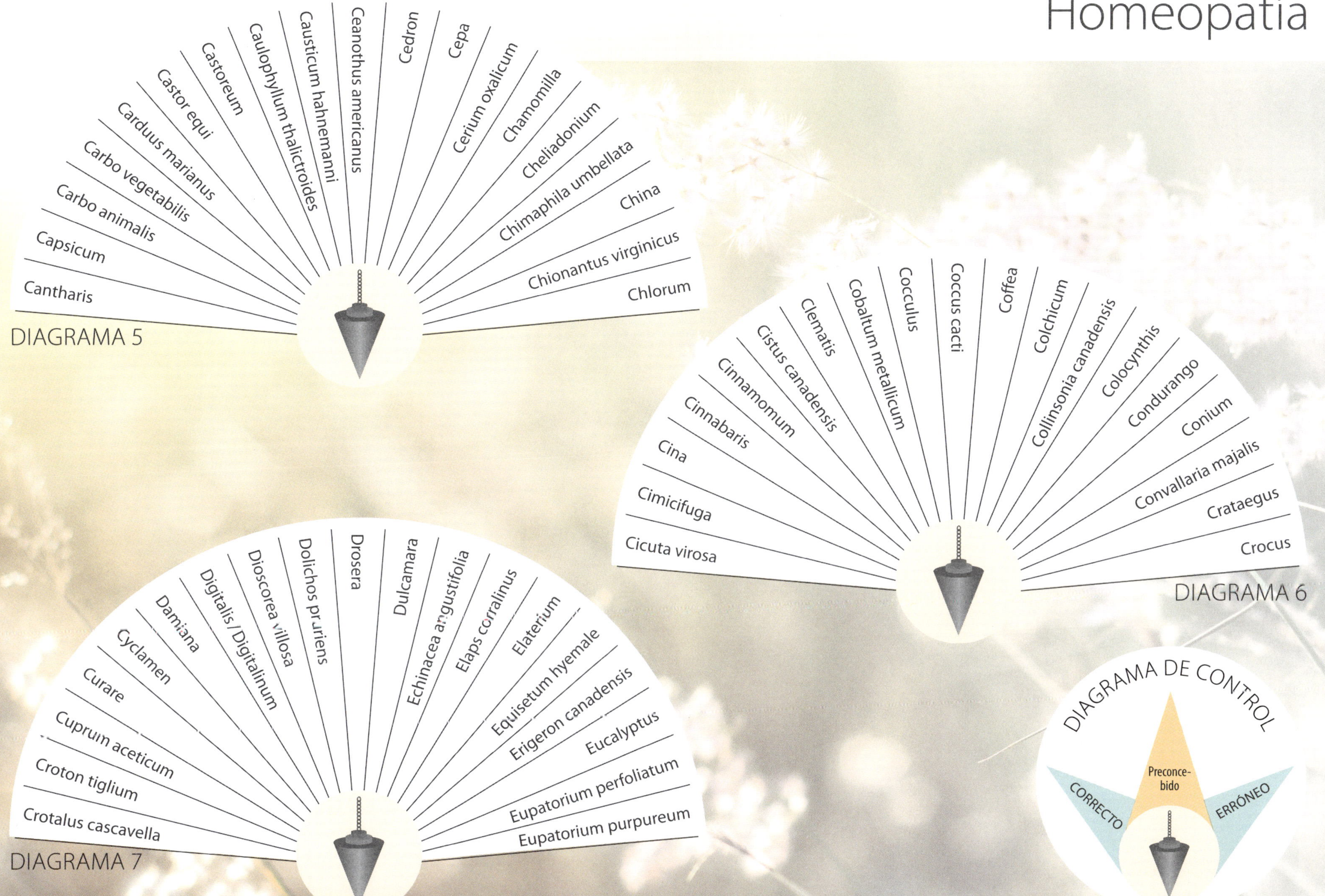
Castoreum
Castor equi
Carduus marianus
Carbo vegetabilis
Carbo animalis
Capsicum
Cantharis
Caulophyllum thalictroides
Causticum hahnemanni
Ceanothus americanus
Cedron
Cepa
Cerium oxalicum
Chamomilla
Cheliadonium
Chimaphila umbellata
China
Chionantus virginicus
Chlorum
DIAGRAMA 5

Cistus canadensis
Clematis
Cobaltum metallicum
Cocculus
Coccus cacti
Coffea
Colchicum
Collinsonia canadensis
Colocynthis
Condurango
Conium
Convallaria majalis
Crataegus
Crocus
Cinnamomum
Cinnabaris
Cina
Cimicifuga
Cicuta virosa
DIAGRAMA 6

Digitalis / Digitalinum
Dioscorea villosa
Dolichos pruriens
Drosera
Dulcamara
Echinacea argustifolia
Elaps corralinus
Elaterium
Equisetum hyemale
Erigeron canadensis
Eucalyptus
Eupatorium perfoliatum
Eupatorium purpureum
Damiana
Cyclamen
Curare
Cuprum aceticum
Croton tiglium
Crotalus cascavella
DIAGRAMA 7

DIAGRAMA DE CONTROL
CORRECTO
Preconce-bido
ERRÓNEO

Homeopatía

Hydrastis
Hepar sulfuris
Helonias dioica
Helleborus
Helianthus annuus
Hekla-Lava
Hamamelis
Haematoxylon campechianum
Hydrocotyle asiatica
Hyoscyamus
Hypericum
Iberis amara
Ignatia
Indigo
Ipecacuanha
Iris versicolor
Jaborandi
Jatropha curcas
Jodum
DIAGRAMA 9
Fraxinus americana
Formica rufa
Ferrum phosphoricum
Ferrum metallicum / muriaticum
Fagopyrum
Euphrasia
Euphorbium
Fucus vesiculosus
Galega
Gelsemium
Ginseng
Glonoinum
Gnaphalium polycephalum
Gossypium herbaceum
Graphites
Gratiola
Grindelia robusta
Guajacum
Gutti
DIAGRAMA 8
DIAGRAMA DE CONTROL
CORRECTO
Preconcebido
ERRÓNEO
Kalium carbonicum
Kalium bromatum
Kalium bichromicum
Kalium arsenicum
Justicia adhatoda
Juglans cinerea
Kalium chloratum
Hypermanganicum
Kalium jodatum
Kalium nitricum
Kalium phosphoricum
Kalium sulfuricum
Kalmia
Kreosotum
Lachesis
Lactuca
Lathyrus sativus
Laurocerasus
Ledum
DIAGRAMA 10

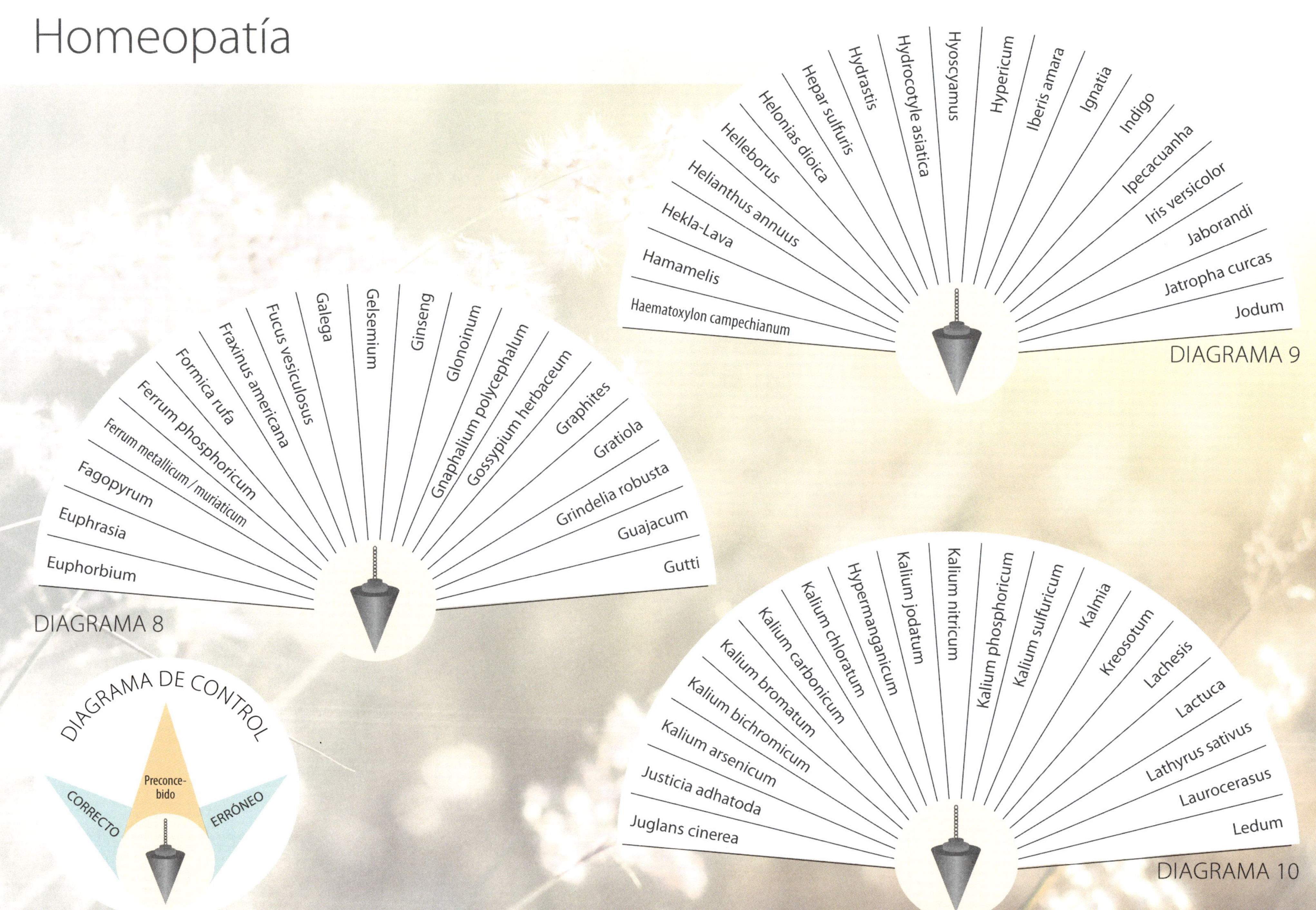

Leptandra
Lilium tigrinum
Lithium carbonicum
Lobelia inflata
Lycopodium
Lycopus virginicus
Magnesium carbonicum
Magnesium muriaticum
Magnesium phosphoricum
Magnesium sulfuricum
Mancinella
Manganum aceticum
Marum verum
Melilotus officinalis
Menyanthes
Mercurius praecipitatus ruber
Mercurius vivus / solubilis
Mezereum
Millefolium
DIAGRAMA 11

Moschus
Naja tripudians
Napthalinum
Natrium carbonicum
Natrium muriaticum
Natrium nitricum
Natrium phosphoricum
Natrium sulfuricum
Niccolum
Nitrum
Nux moschata
Nux vomica
Oenanthe crocata
Oleander
Paeonia officinalis
Pareira brava
Paris quadrifolia
Passiflora incarnata
Petroleum
DIAGRAMA 12

Petroselinum
Phellandrium
Phosphorus
Phytolacca
Pix liquida
Plantago major
Platinum chloratum
Plumbum aceticum / metallicum
Podophyllum
Prunus spinosa
Pulsatilla
Radium bromatum
Ranunculus bulbosus
Ratanhia
Rhododendron
Rhus toxicodendron
Ricinus communis
Robinia pseudoacacia
DIAGRAMA 13

DIAGRAMA DE CONTROL
CORRECTO
Preconce-bido
ERRÓNEO

Homeopatía

Sticta
Stellaria media
Staphisagria
Stannum
Spongia
Spiraea ulmaria
Stillingia silvatica
Stramonium
Strontium carbonicum
Strophanthus
Strychninum
Sulfur
Sulfur jodatum
Sumbulus moschatus
Symphytum
Syzygium jambolanum
Tabacum
Tarantula
Taraxacum
DIAGRAMA 15

Sabina
Sabal serrulatum
Sabadilla
Ruta
Rumex
Rubia tinctorum
Sanguinaria
Sambucus nigra
Sarsaparilla
Scilla
Secale cornutum
Selenium
Senecio aureus
Senega
Sepia
Silicea
Solidago virgaurea
Spartium scoparium
Spigelia
DIAGRAMA 14

DIAGRAMA DE CONTROL
CORRECTO
Preconce-bido
ERRÓNEO

Urtica
Uranium nitricum
Trillium pendulum
Thuja
Teucrium scorodonia
Terebinthina
Tellurium
Ustilago maydis
Uva ursi
Valeriana
Veratrum
Veratrum viride
Verbascum
Viburnum opulus
Vinca minor
Viscum album
Xanthoxylon fraxineum
Zincum
Zizia aurea
DIAGRAMA 16

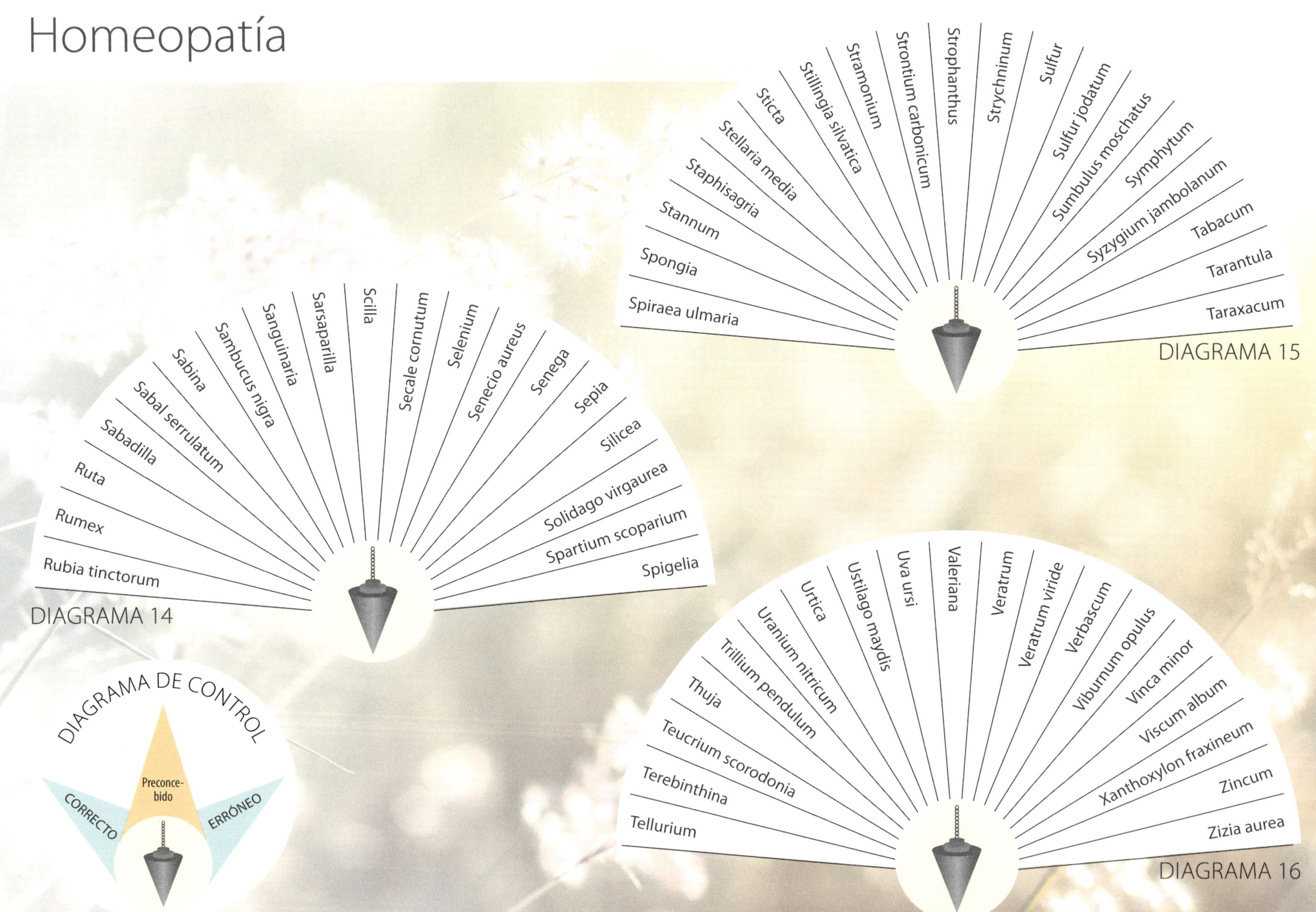

Potenciación

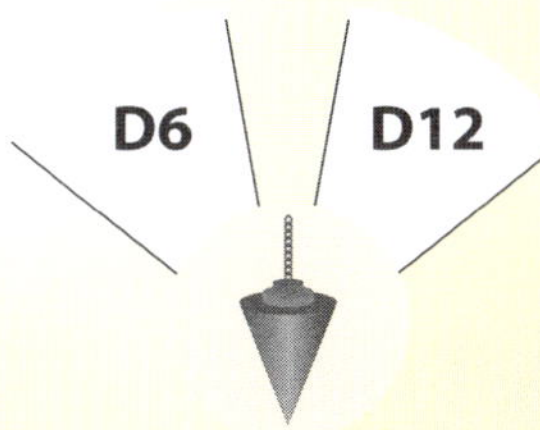

¿Cuántas veces al día debe usarse la sal mineral?

¿Durante cuánto tiempo debe utilizarse la sal mineral?

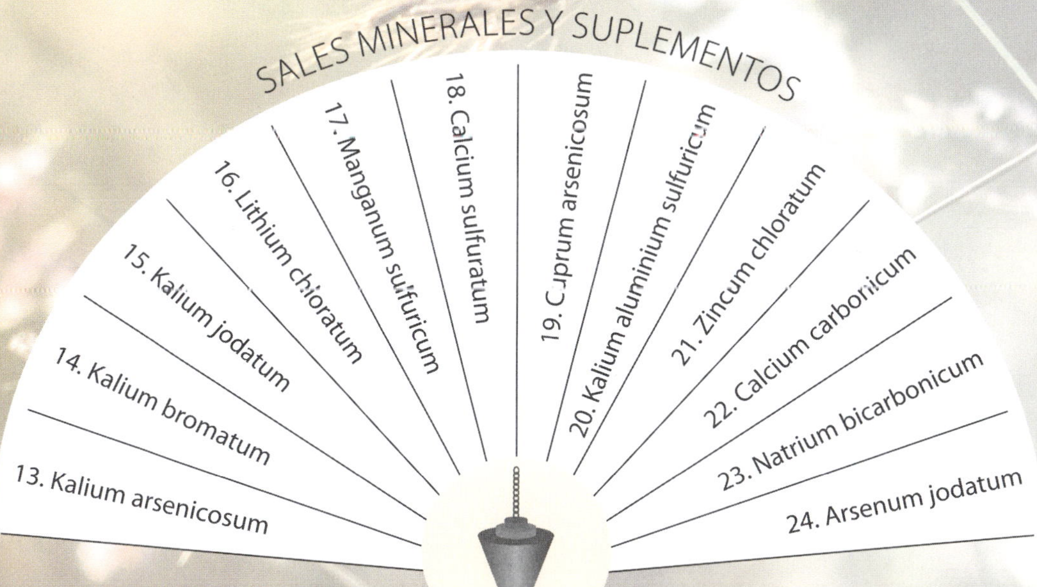

Vitaminas

DIAGRAMA DE CONTROL
CORRECTO
Preconcebido
ERRÓNEO
A
B1
B2
B3
B6
B12
B13
B15
B17
Biotina
C
Ácido pantoténico
Colina
D
E
F
Ácido fólico
Inositol
K
Niacina
P
PABA
T
U
Complejo B

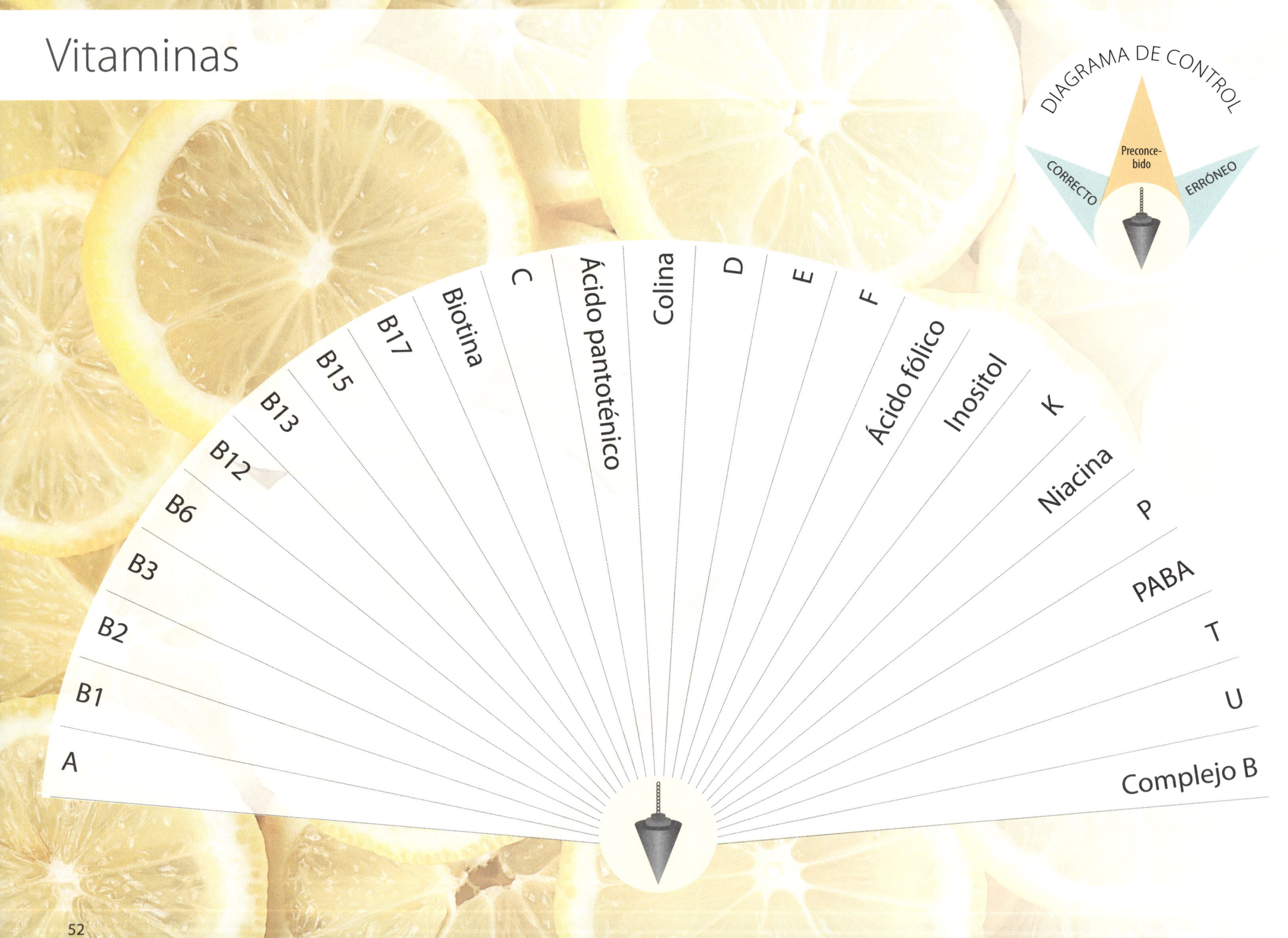

Minerales y oligoelementos

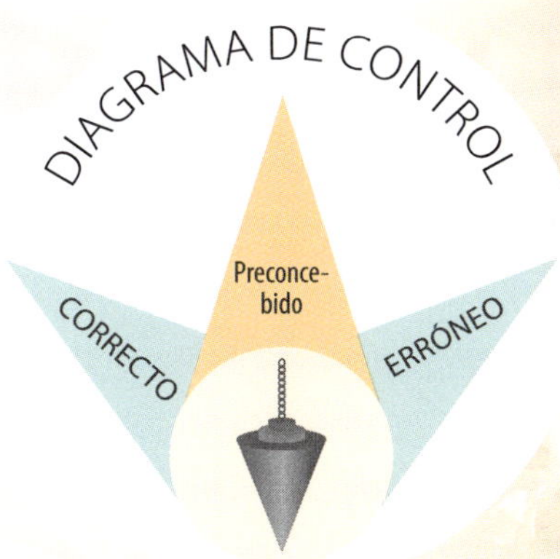

Terapia nutricional con brotes y germinados

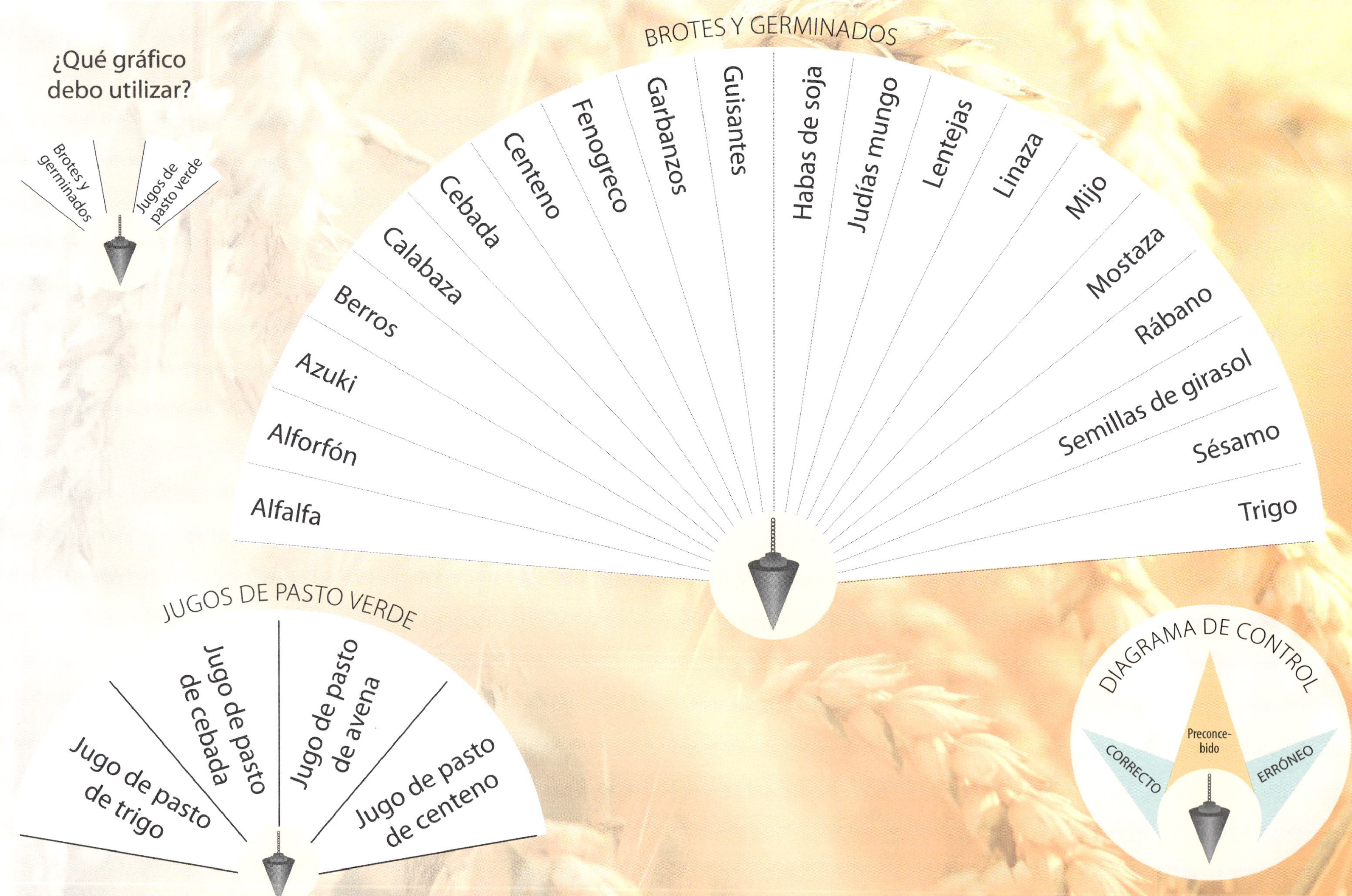

¿Cuántos tipos de brotes
y germinados deben consumirse?

¿En qué cantidades deben tomarse
los brotes y germinados?

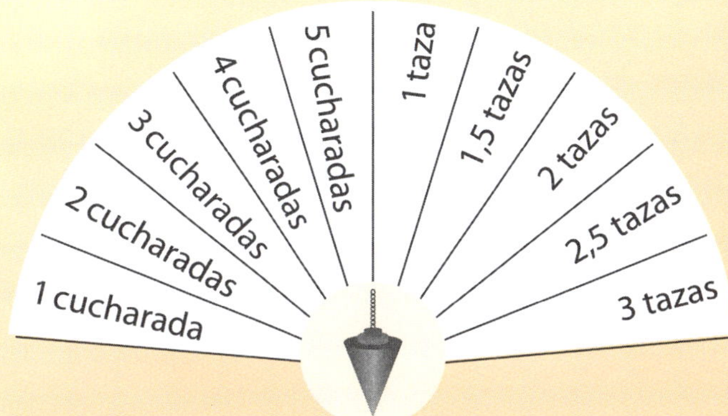

¿Cuántos ml de jugo de pasto
deben beberse?

¿Cuántas veces al día deben
consumirse los brotes y germinados?

¿Durante cuánto tiempo deben consumirse
los brotes y germinados?

Infusiones y tés

¿En qué diagrama encontraré el tipo adecuado de té o infusión?

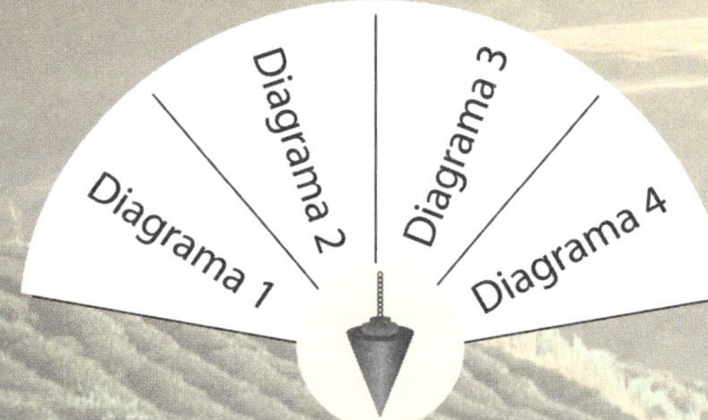

¿Cuántos minutos debe dejarse infusionar?

¿Cuántas veces al día debe beberse el té o la infusión?

¿De cuántos tipos de hierbas debe estar hecha la mezcla?

¿Cuántos gramos de cada tipo de hierba se necesitan para ¼ de litro de agua?

¿Durante cuánto tiempo debe beberse el té?

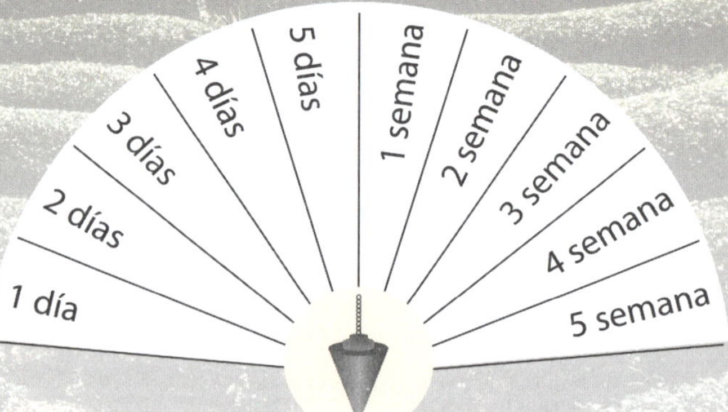

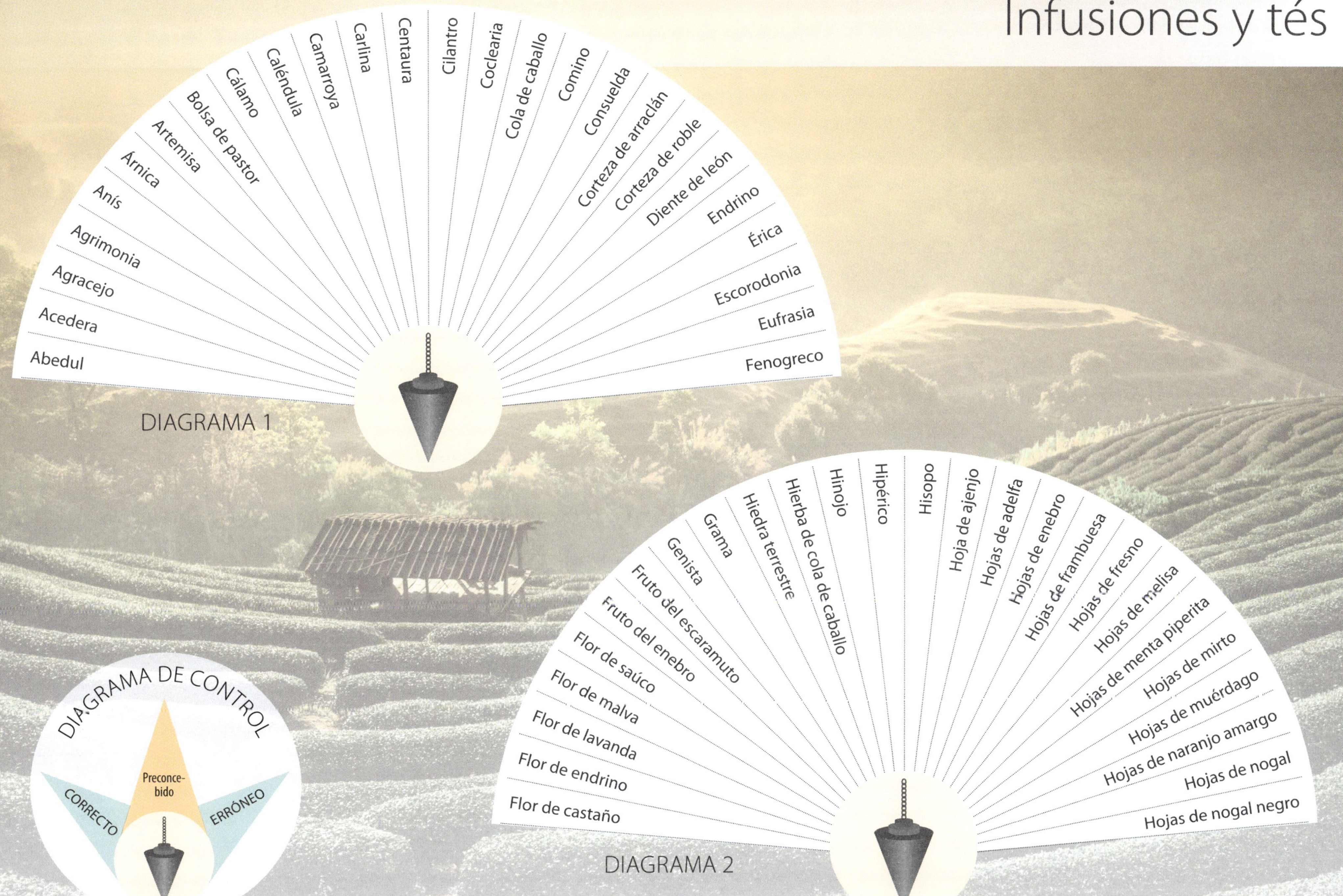
DIAGRAMA 1
Abedul
Acedera
Agracejo
Agrimonia
Anís
Árnica
Artemisa
Bolsa de pastor
Cálamo
Caléndula
Camarroya
Carlina
Centaura
Cilantro
Coclearia
Cola de caballo
Comino
Consuelda
Corteza de arraclán
Corteza de roble
Diente de león
Endrino
Érica
Escorodonia
Eufrasia
Fenogreco
DIAGRAMA DE CONTROL
Preconce-bido
CORRECTO
ERRÓNEO
DIAGRAMA 2
Flor de castaño
Flor de endrino
Flor de lavanda
Flor de malva
Flor de saúco
Fruto del enebro
Fruto del escaramuto
Genista
Grama
Hiedra terrestre
Hierba de cola de caballo
Hinojo
Hipérico
Hisopo
Hoja de ajenjo
Hojas de adelfa
Hojas de enebro
Hojas de frambuesa
Hojas de fresno
Hojas de melisa
Hojas de menta piperita
Hojas de mirto
Hojas de muérdago
Hojas de naranjo amargo
Hojas de nogal
Hojas de nogal negro

Infusiones y tés

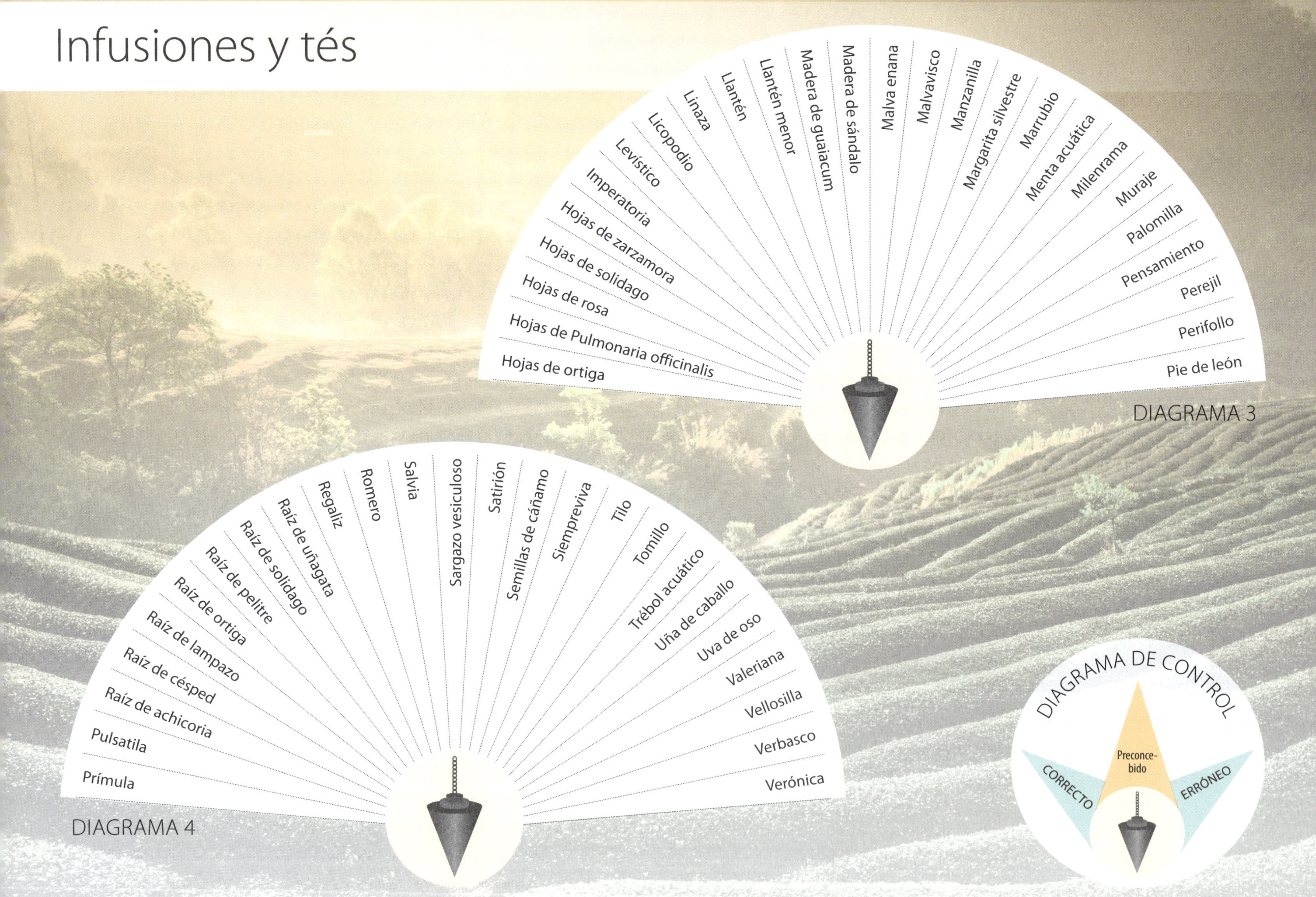

Hierbas y plantas medicinales chinas

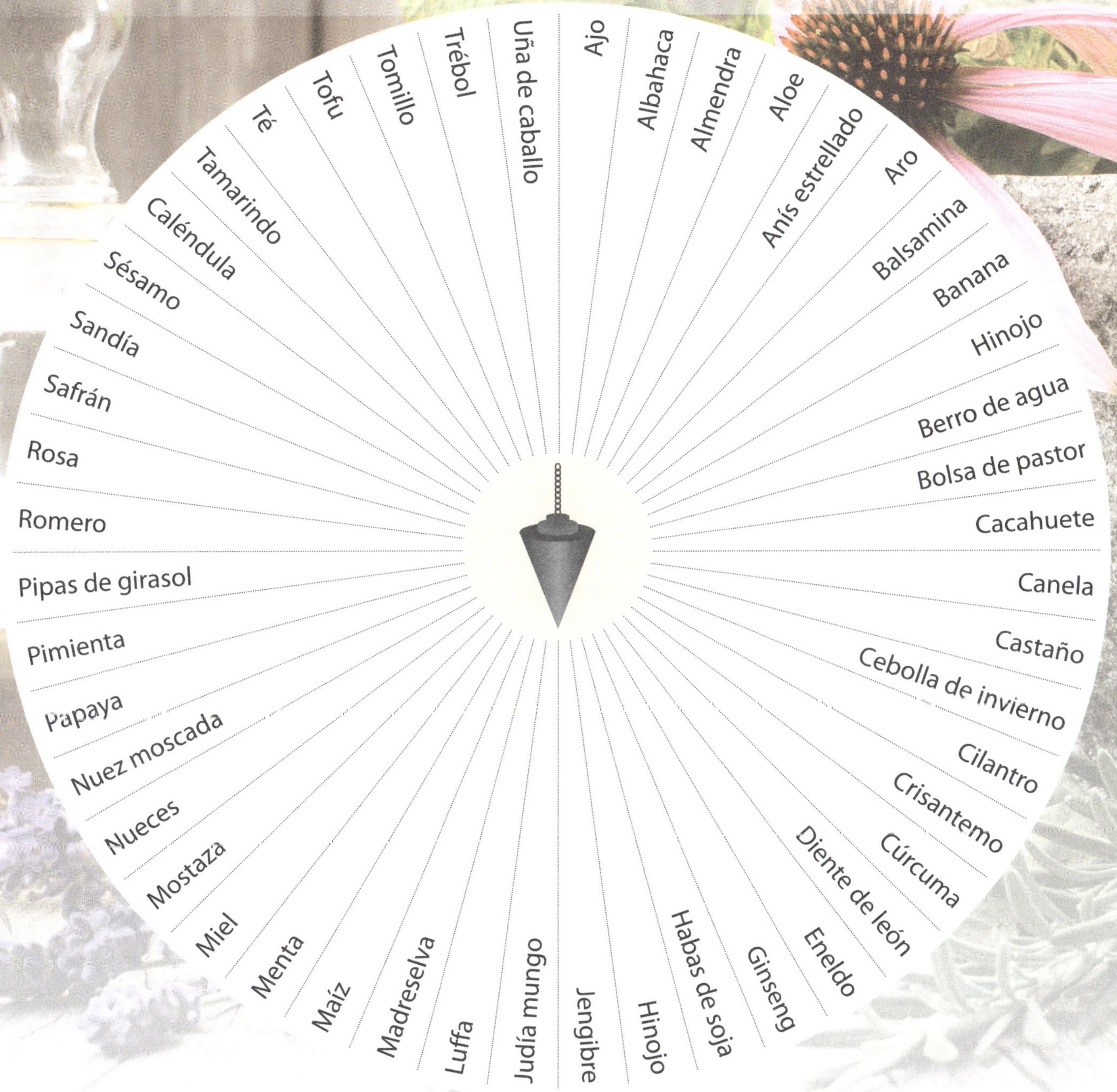
Ajo
Albahaca
Almendra
Aloe
Anís estrellado
Aro
Balsamina
Banana
Hinojo
Berro de agua
Bolsa de pastor
Cacahuete
Canela
Castaño
Cebolla de invierno
Cilantro
Crisantemo
Cúrcuma
Diente de león
Eneldo
Ginseng
Habas de soja
Hinojo
Jengibre
Judía mungo
Luffa
Madreselva
Maíz
Menta
Miel
Mostaza
Nueces
Nuez moscada
Papaya
Pimienta
Pipas de girasol
Romero
Rosa
Safrán
Sandía
Sésamo
Caléndula
Tamarindo
Té
Tofu
Tomillo
Trébol
Uña de caballo

Dado que las aplicaciones, las posologías y las preparaciones de las plantas son muy diversas entre sí, aquí tan solo es posible utilizar los diagramas para encontrar la planta adecuada. Verifica caso por caso, en la bibliografía especializada, la correcta utilización de las plantas, pues algunas son venenosas o incomestibles.

DIAGRAMA DE CONTROL
CORRECTO
Preconcebido
ERRÓNEO

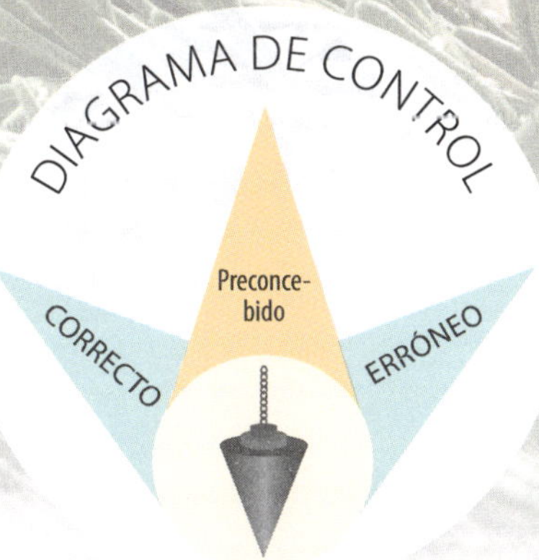

Hierbas y plantas medicinales europeas

Dado que las aplicaciones, las posologías y las preparaciones de las plantas son muy diversas entre sí, aquí tan solo es posible utilizar los diagramas para encontrar la planta adecuada. Verifica caso por caso, en la bibliografía especializada, la correcta utilización de las plantas, pues algunas son venenosas o incomestibles.

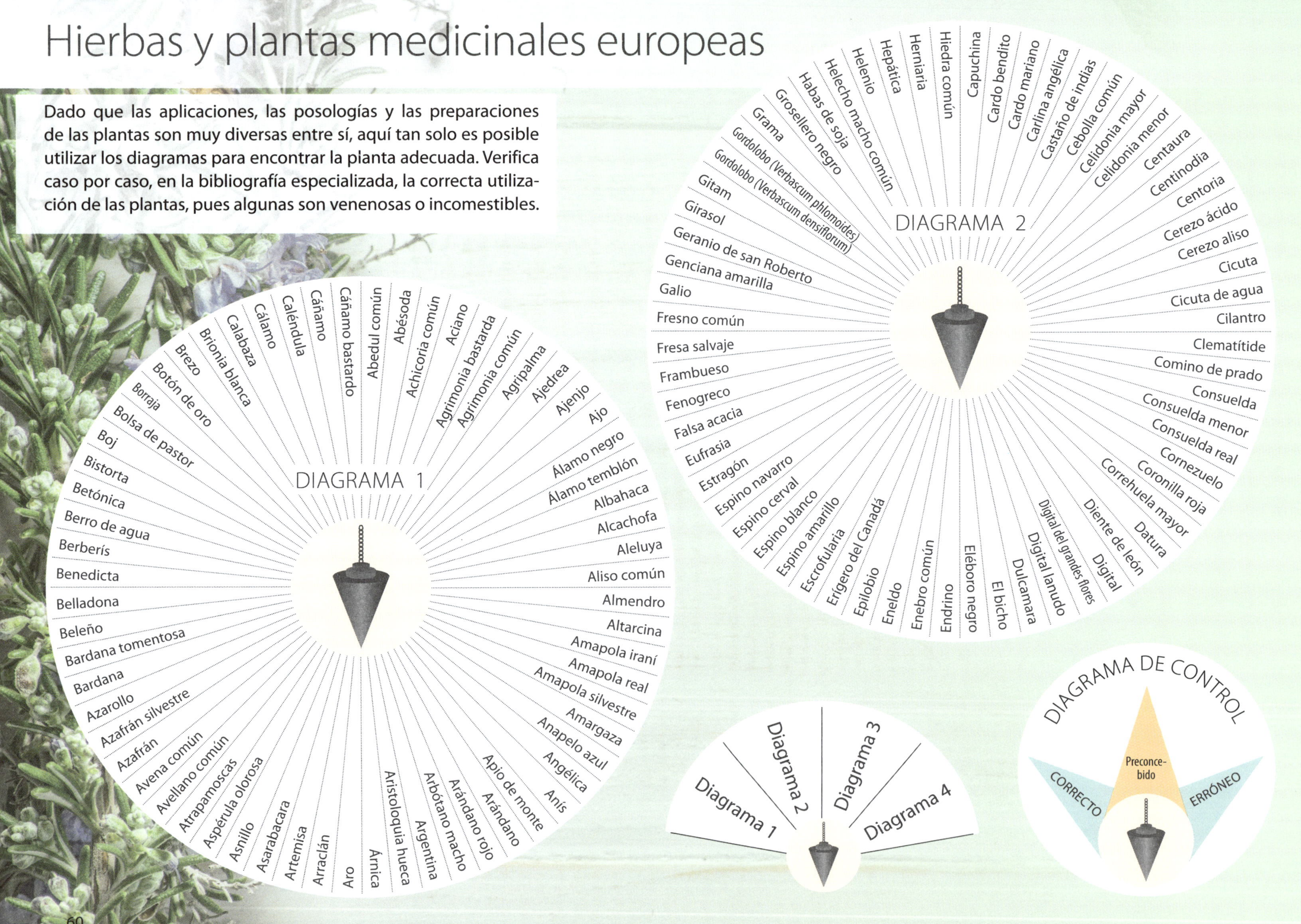

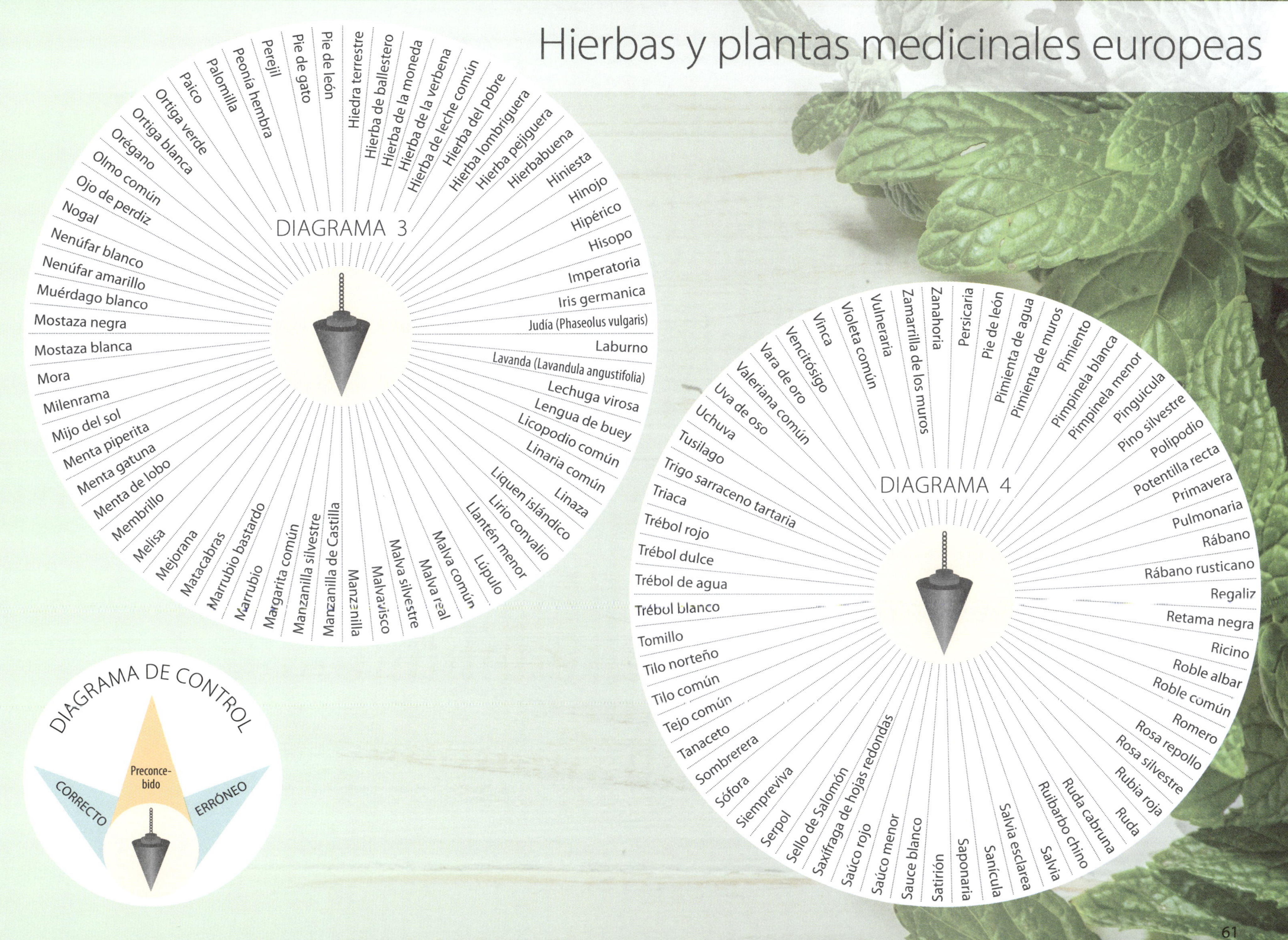
DIAGRAMA 3
Pie de león
Pie de gato
Pie de león
Perejil
Peonía hembra
Palomilla
Paico
Ortiga verde
Ortiga blanca
Orégano
Olmo común
Ojo de perdiz
Nogal
Nenúfar blanco
Nenúfar amarillo
Muérdago blanco
Mostaza negra
Mostaza blanca
Mora
Milenrama
Mijo del sol
Menta piperita
Menta gatuna
Menta de lobo
Membrillo
Melisa
Mejorana
Matacabras
Marrubio bastardo
Marrubio
Margarita común
Manzanilla silvestre
Manzanilla de Castilla
Manzanilla
Malvavisco
Malva silvestre
Malva real
Malva común
Lúpulo
Llantén menor
Lirio convallo
Liquen islándico
Linaza
Linaria común
Licopodio común
Lengua de buey
Lechuga virosa
Lavanda (Lavandula angustifolia)
Laburno
Judía (Phaseolus vulgaris)
Iris germanica
Imperatoria
Hisopo
Hipérico
Hinojo
Hiniesta
Hierbabuena
Hierba pejiguera
Hierba lombriguera
Hierba del pobre
Hierba de leche común
Hierba de la verbena
Hierba de la moneda
Hierba de ballestero
Hiedra terrestre

DIAGRAMA 4
Zanahoria
Persicaria
Pie de león
Pimienta de agua
Pimienta de muros
Pimiento
Pimpinela blanca
Pimpinela menor
Pinguicula
Pino silvestre
Polipodio
Potentilla recta
Primavera
Pulmonaria
Rábano
Rábano rusticano
Regaliz
Retama negra
Ricino
Roble albar
Roble común
Romero
Rosa repollo
Rosa silvestre
Rubia roja
Ruda
Ruda cabruna
Ruibarbo chino
Salvia
Salvia esclarea
Sanícula
Saponaria
Satirión
Sauce blanco
Saúco menor
Saúco rojo
Saxífraga de hojas redondas
Sello de Salomón
Serpol
Siempreviva
Sófora
Sombrerera
Tanaceto
Tejo común
Tilo común
Tilo norteño
Tomillo
Trébol blanco
Trébol de agua
Trébol dulce
Trébol rojo
Triaca
Trigo sarraceno tartaria
Tusilago
Uchuva
Uva de oso
Valeriana común
Vara de oro
Vencitósigo
Vinca
Violeta común
Vulneraria
Zamarrilla de los muros

DIAGRAMA DE CONTROL
CORRECTO
Preconce-
bido
ERRÓNEO

Hierbas y plantas medicinales de los indios de América

Dado que las aplicaciones, las posologías y las preparaciones de las plantas son muy diversas entre sí, aquí tan solo es posible utilizar los diagramas para encontrar la planta adecuada. Verifica caso por caso, en la bibliografía especializada, la correcta utilización de las plantas, pues algunas son venenosas o incomestibles.

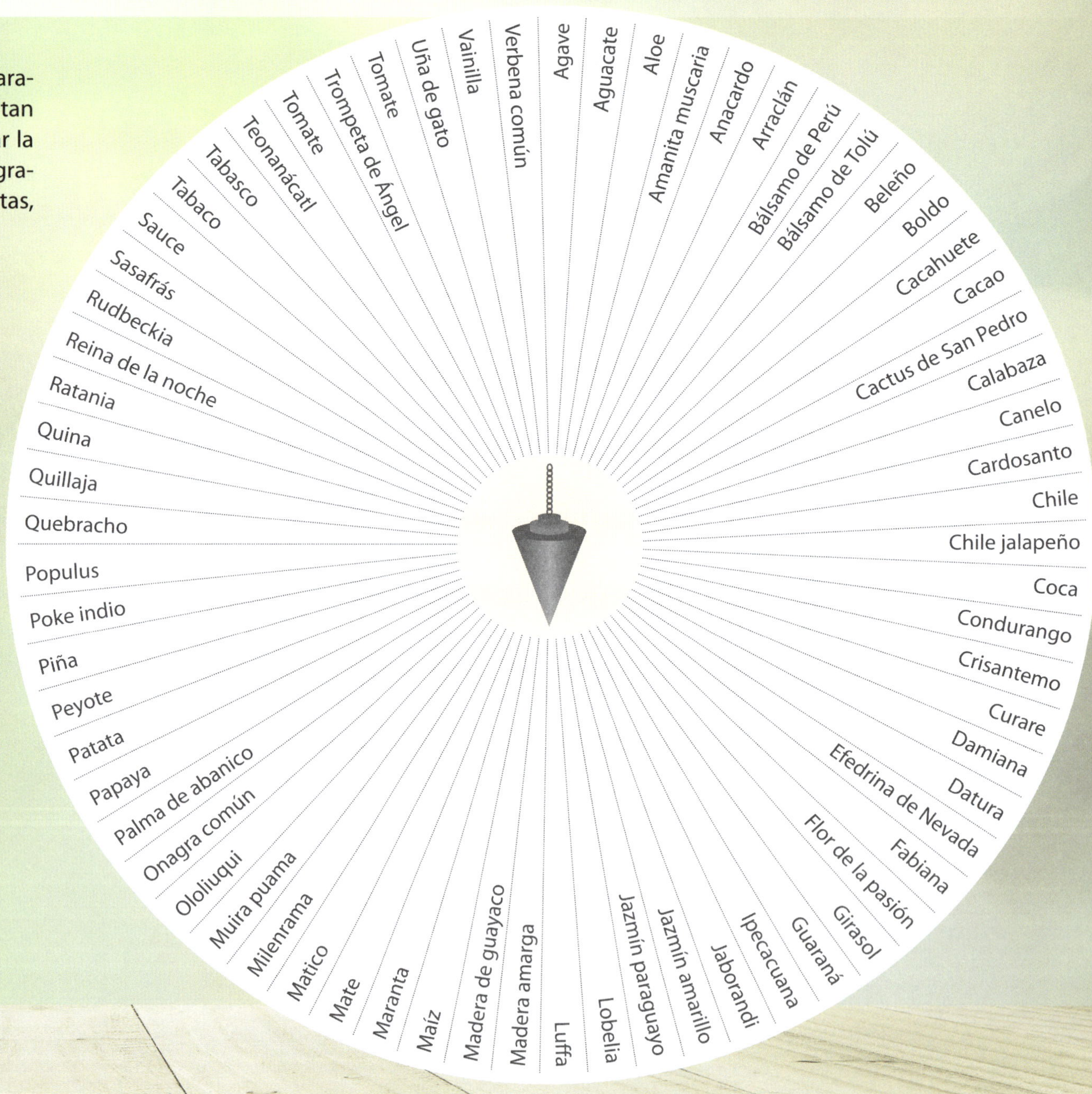

Colores

¿Qué color debo utilizar para…? Pregunta si es necesario usar más de un color.

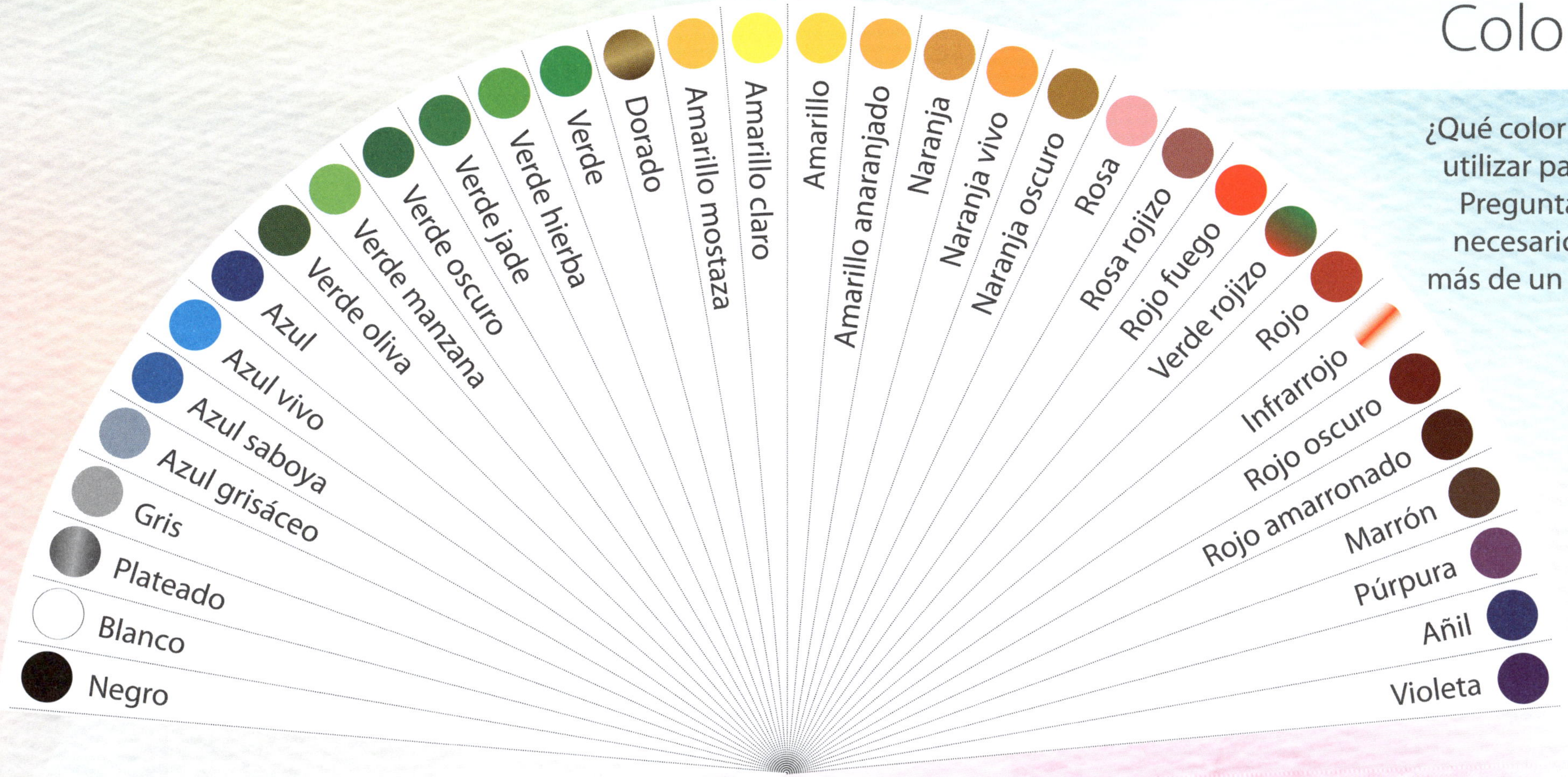

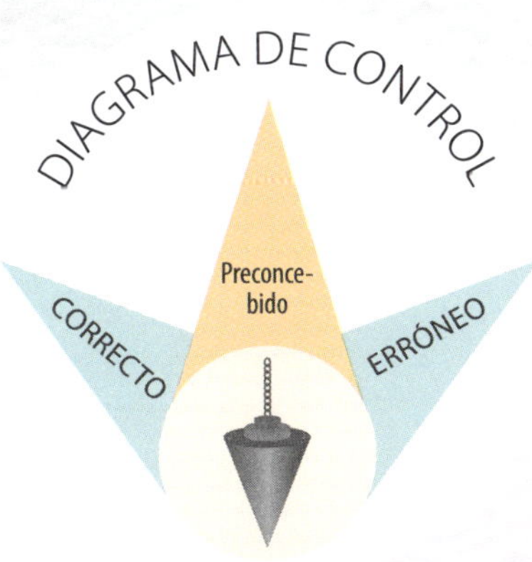

¿Cómo debo trabajar con los colores?

Piedras preciosas y minerales

¿Cuál de los diagramas de piedras preciosas y minerales debo utilizar?

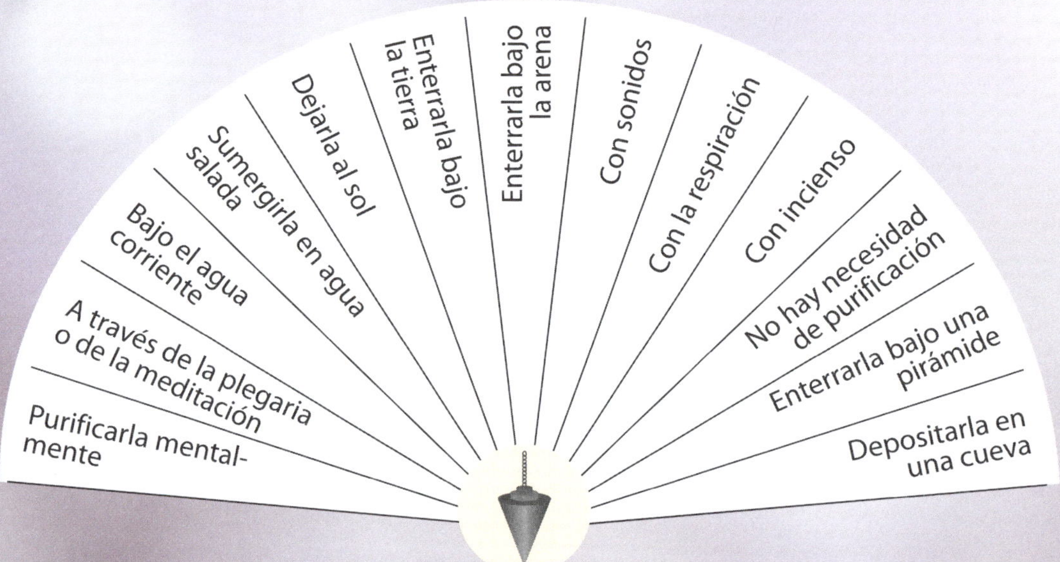

Forma de las piedras que debe utilizarse

Cómo utilizar las piedras

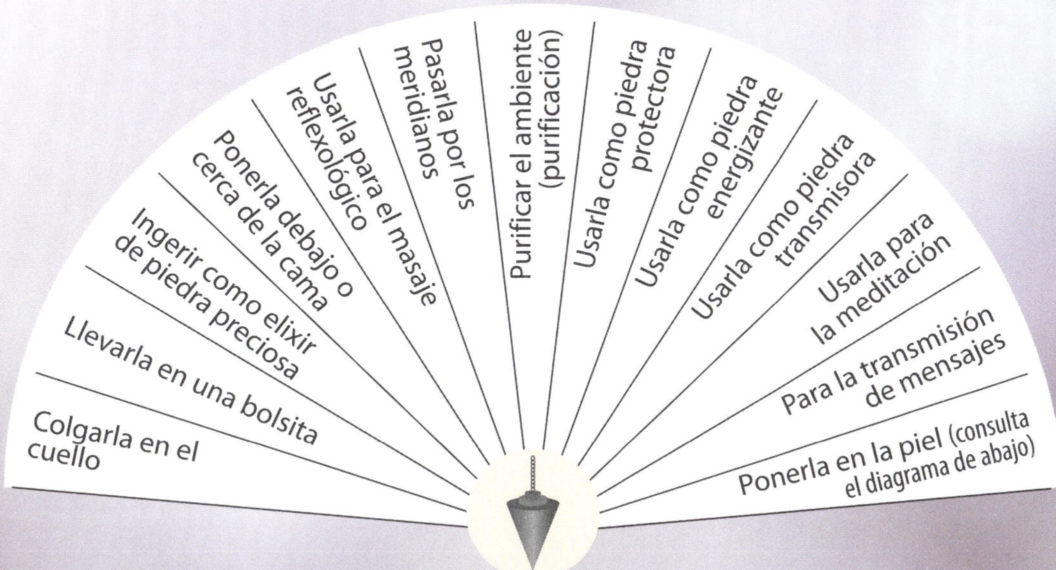

¿Durante cuánto tiempo deben utilizarse las piedras preciosas?

¿En qué parte del cuerpo deben ponerse las piedras?

¿Cuántas veces al día deben utilizarse las piedras?

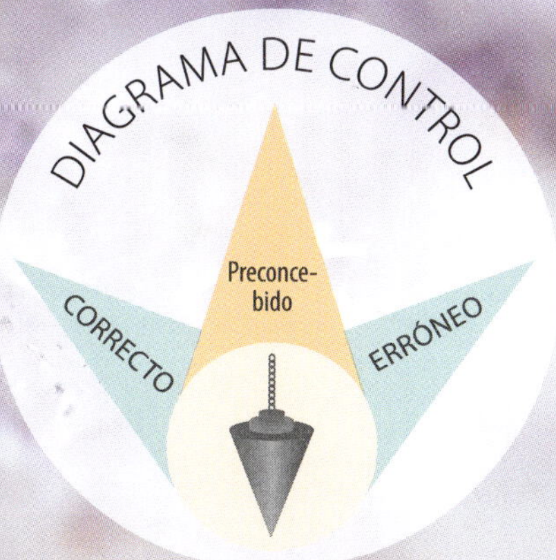

Piedras preciosas y minerales

Piedras preciosas y minerales

DIAGRAMA 3

DIAGRAMA 4

Piedras preciosas y minerales

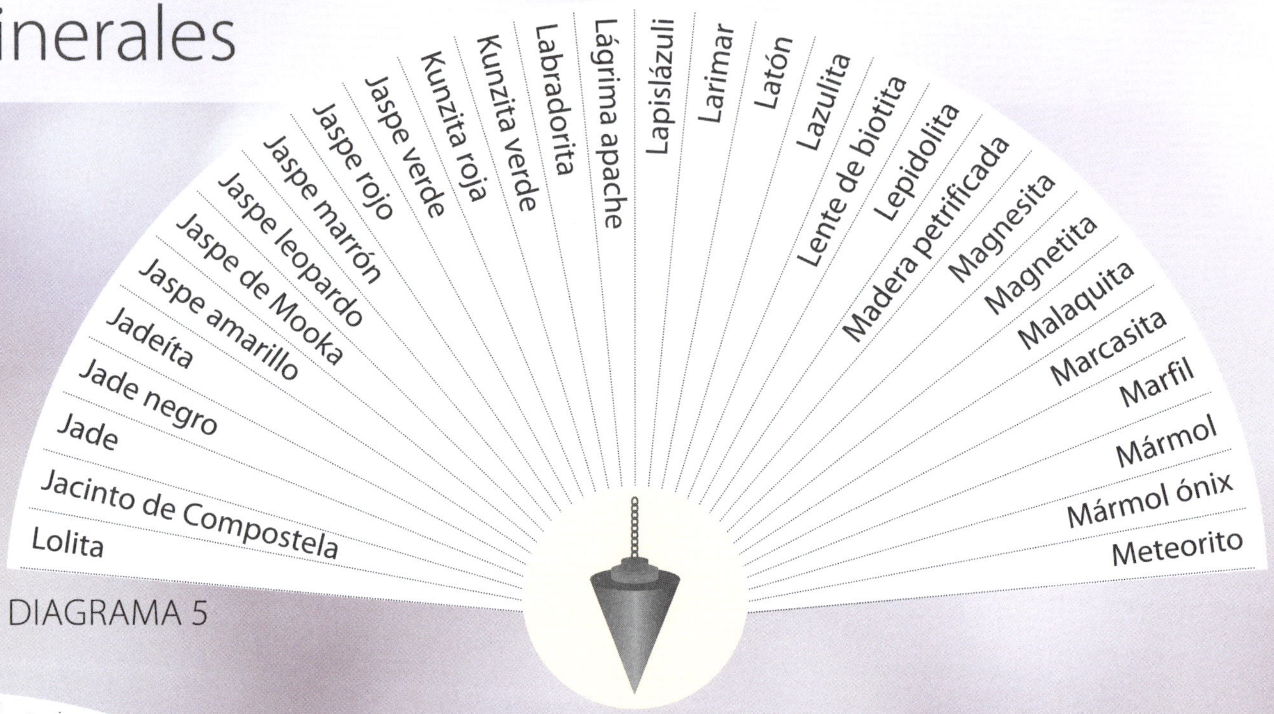

DIAGRAMA 5

DIAGRAMA 6

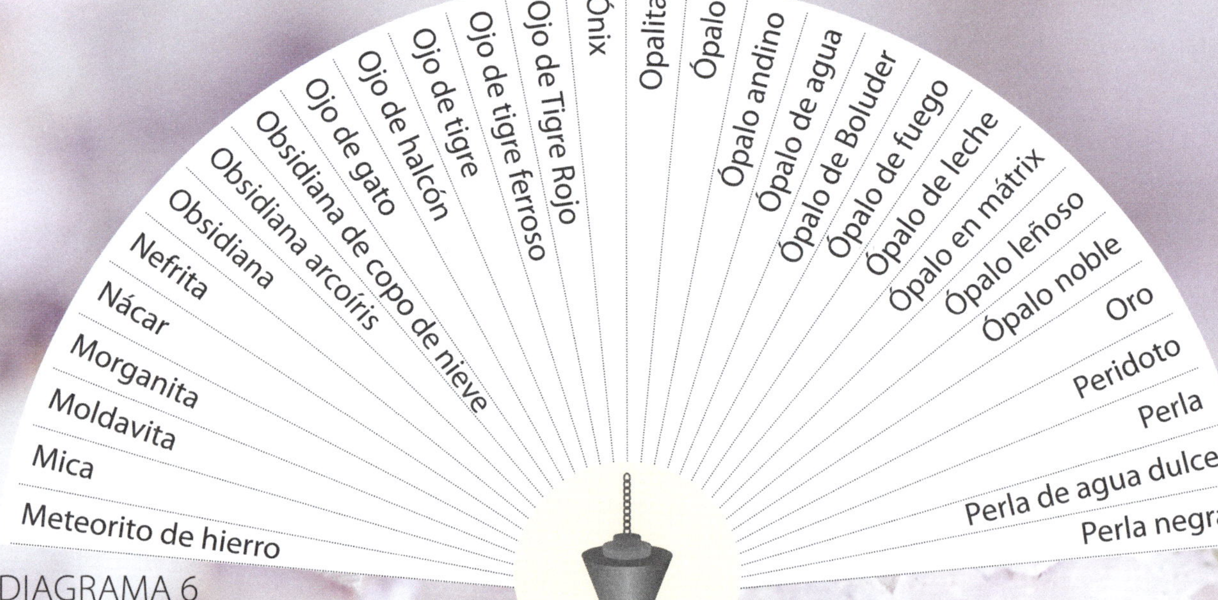

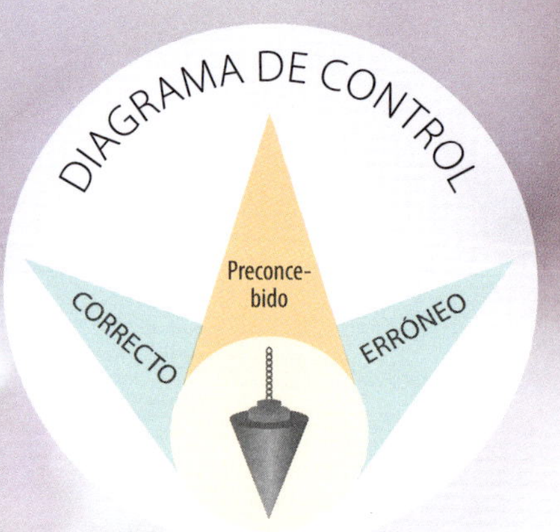

Piedras preciosas y minerales

DIAGRAMA 7

DIAGRAMA 8

Técnicas de meditación

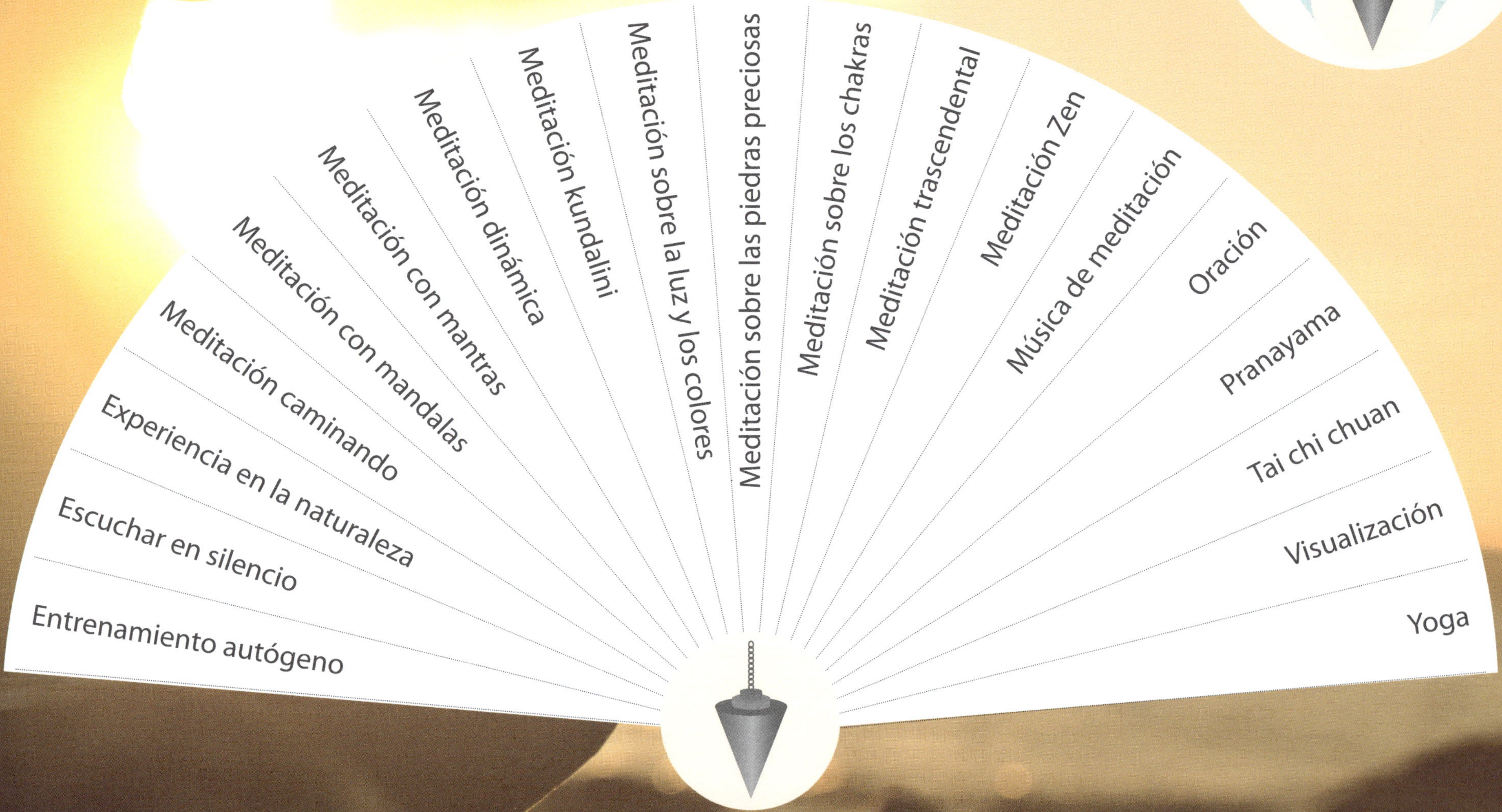

Reencarnación

Usa los diagramas para situar la fecha exacta de la encarnación. Comienza con el milenio y luego reduce la fecha. Decide de antemano si deseas determinar la fecha de nacimiento o la de la muerte.

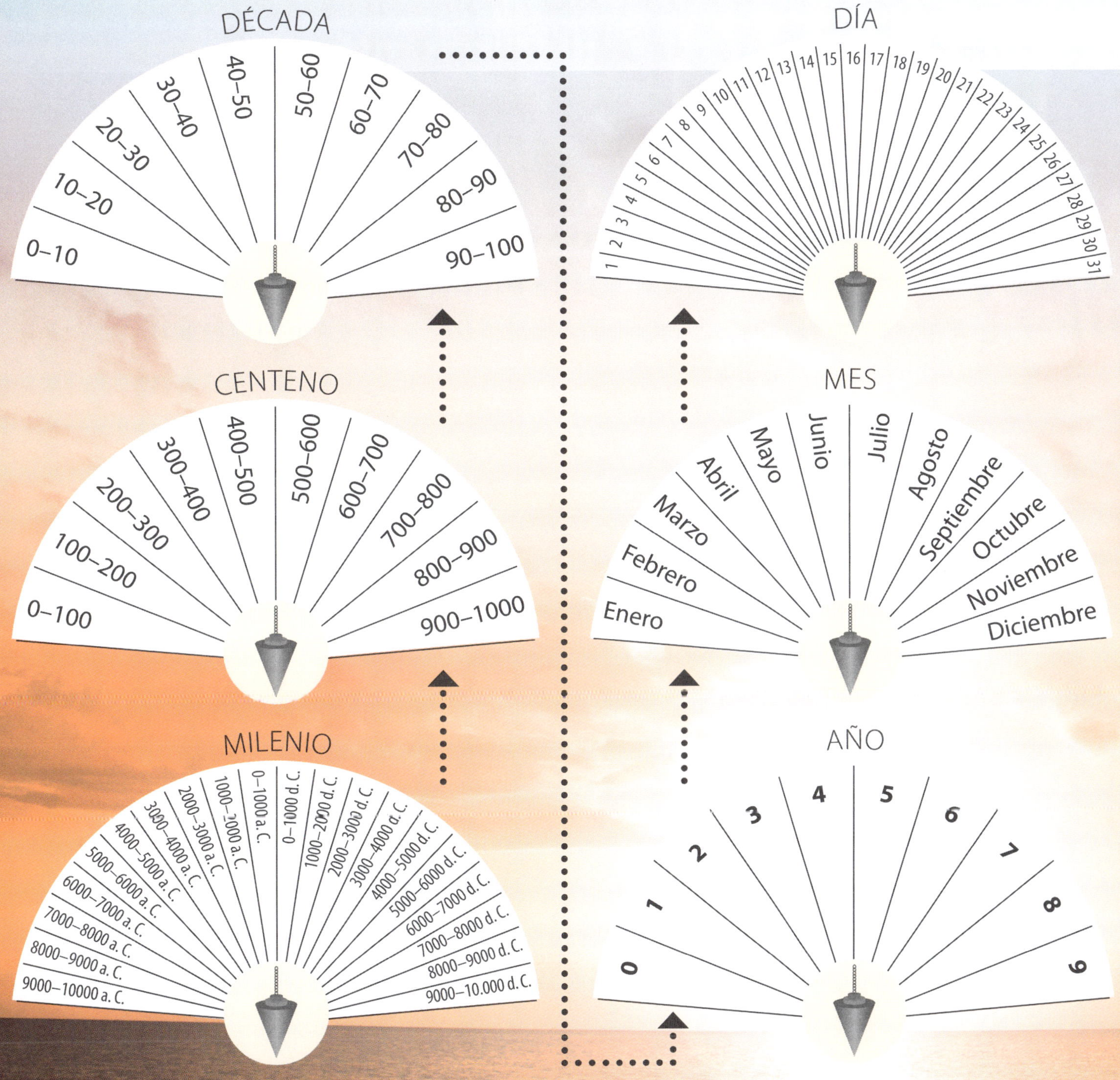

DÉCADA

CENTENO

MILENIO

DÍA

MES

AÑO

DIAGRAMA DE CONTROL

Reencarnación

Consulta estos diagramas para saber qué encarnación del pasado o del futuro es importante para ti.

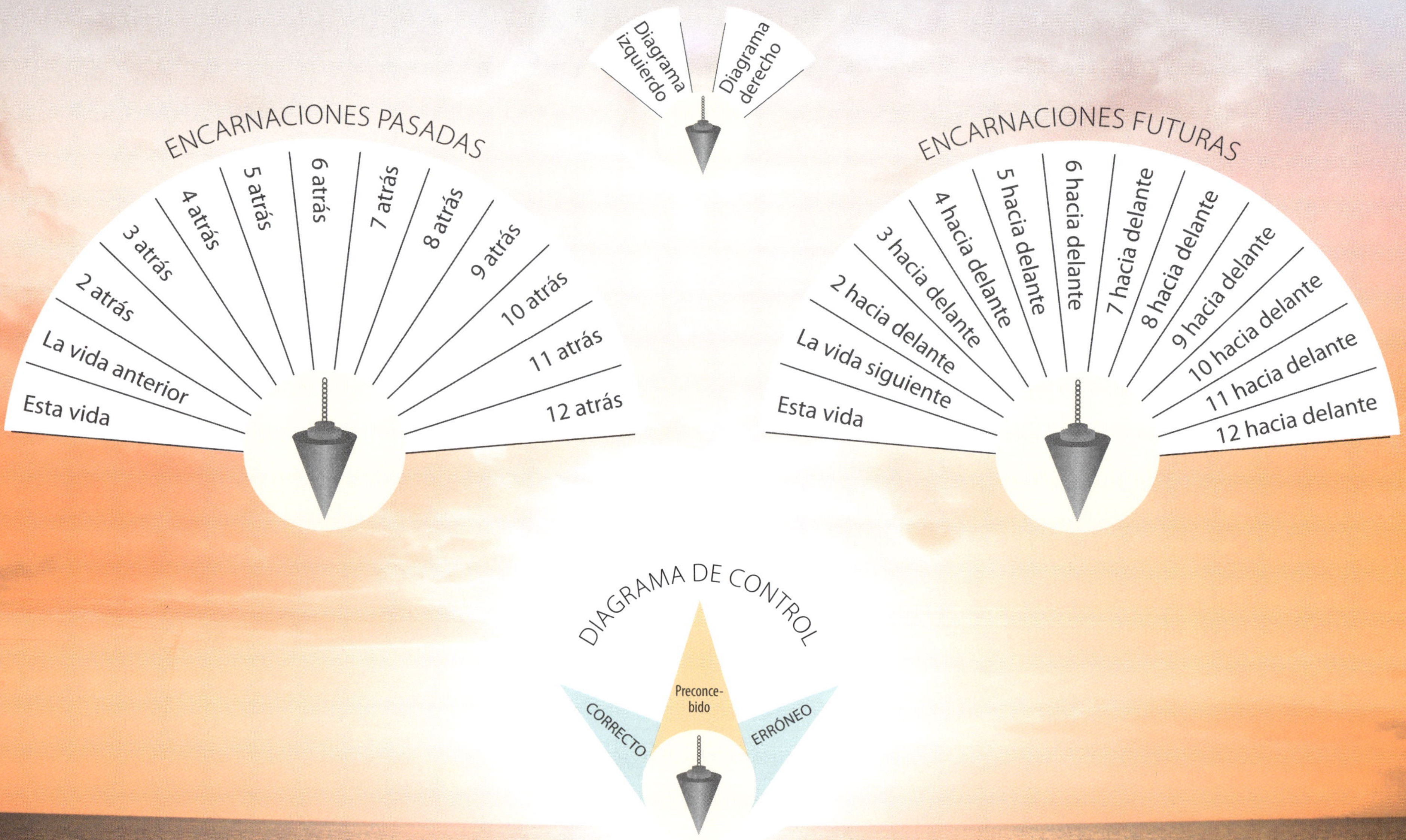

Diagrama izquierdo

Diagrama derecho

ENCARNACIONES PASADAS

3 atrás
4 atrás
5 atrás
6 atrás
7 atrás
8 atrás
9 atrás
2 atrás
10 atrás
11 atrás
La vida anterior
12 atrás
Esta vida

ENCARNACIONES FUTURAS

3 hacia delante
4 hacia delante
5 hacia delante
6 hacia delante
7 hacia delante
8 hacia delante
2 hacia delante
9 hacia delante
10 hacia delante
La vida siguiente
11 hacia delante
Esta vida
12 hacia delante

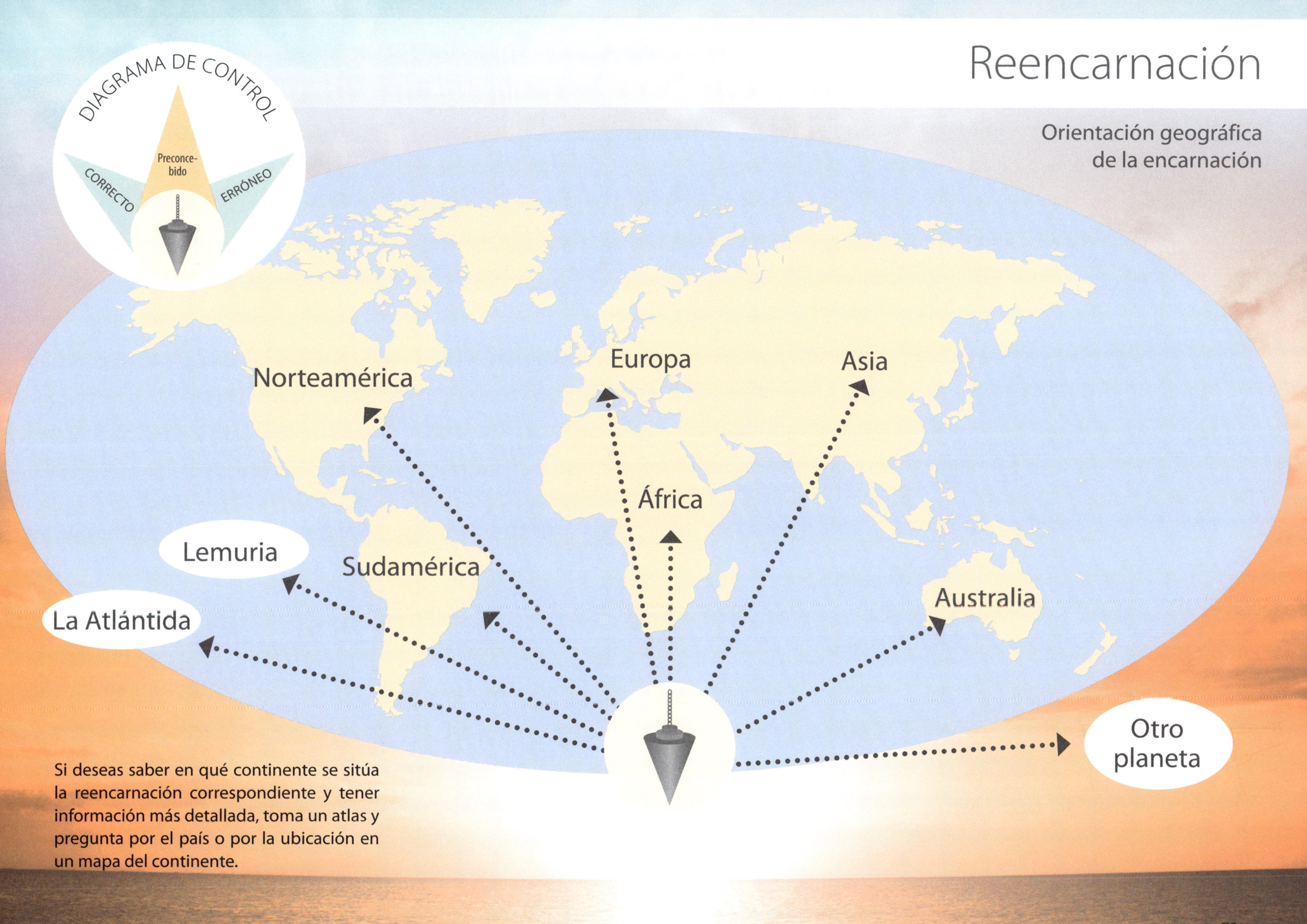

Reencarnación
Orientación geográfica
de la encarnación
DIAGRAMA DE CONTROL
CORRECTO
Preconcebido
ERRÓNEO
Norteamérica
Europa
Asia
África
Lemuria
Sudamérica
Australia
La Atlántida
Otro planeta
Si deseas saber en qué continente se sitúa la reencarnación correspondiente y tener información más detallada, toma un atlas y pregunta por el país o por la ubicación en un mapa del continente.

Circunstancias de vida durante la encarnación

Para averiguar el nombre y los años que duró la encarnación correspondiente, utiliza los diagramas del alfabeto y de los números de la página 16.

Determinación del sexo en la encarnación consultada con el péndulo

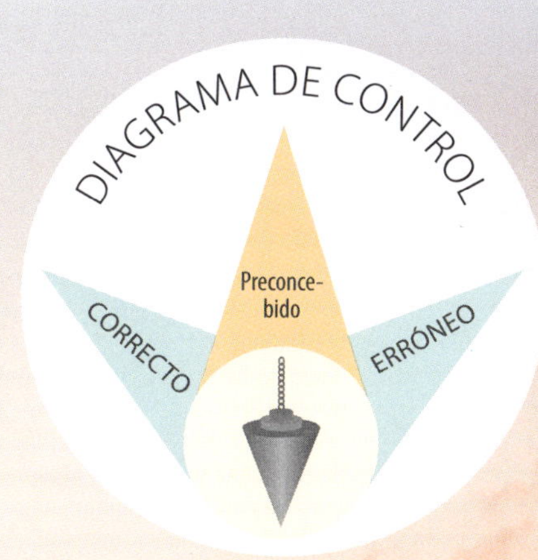

Para determinar qué órganos heridos causaron la muerte, consulta el diagrama de los órganos en la página 39.

Encarnación del compañero

Antes que nada, pregunta si la persona que te interesa posee una «relación kármica» contigo. En caso afirmativo, pregunta si esta relación se halla destinada a durar varias encarnaciones.

¿Cuál fue la relación con el compañero durante la anterior encarnación? (Pregunta en el primer diagrama de la reencarnación en qué vida y cuándo encontraste a la persona).

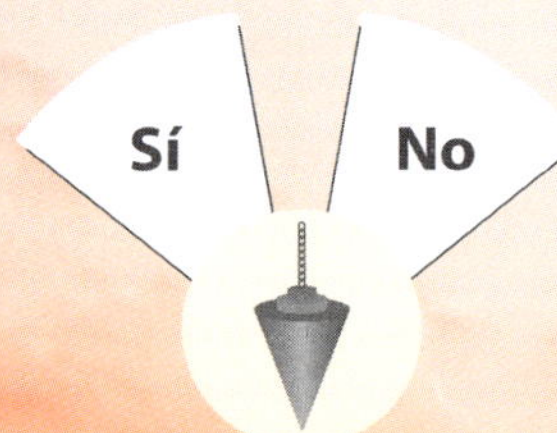

¿Qué vínculo sentimental hubo con el compañero kármico?

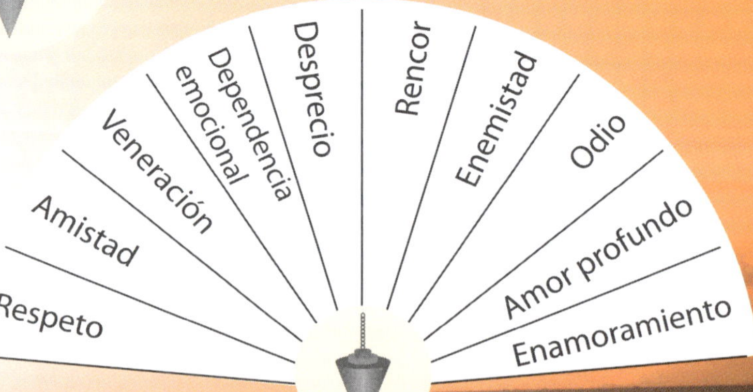

Las leyes superiores del karma

Las cuatro fases del karma

¿Por qué soy como soy? ¿Por qué me sucede esto o aquello? ¿Por qué debo vivir en estas condiciones y no de otra manera? De acuerdo con la filosofía hindú, todas las reacciones kármicas se manifiestan en cuatro fases diferentes:

Fase 1 (bija = la semilla):
Las acciones e intenciones de la fase del deseo tan solo existen en la dimensión sutil. «Siembra un pensamiento y cosecharás una acción».

Fase 2 (kutastha = la decisión consciente):
El deseo se convierte en acción. Pueden iniciarse reacciones en la cadena kármica. «Siembra una acción y cosecharás una costumbre».

Fase 3 (phalonmukha = el fruto):
Las acciones materiales, hayan sido buenas o malas, conllevan sus frutos. La reacción kármica se manifiesta en forma de sufrimiento o de felicidad. «Siembra una costumbre y cosecharás un carácter».

Fase 4 (prarabdha = la cosecha):
Una reacción kármica ha llegado o ha sido introducida en tu vida presente. «Siembra un carácter y cosecharás un destino».

Lo tipos de Karma

KARMA
Actuar en armonía con las leyes de la naturaleza = buena reacción kármica (fortuna material).

VIKARMA
Actuar en contra de las leyes de la naturaleza = mala reacción kármica (sufrimiento).

AKARMA
Acción trascendental fuera de las leyes kármicas = ninguna reacción kármica.

KARMA COLECTIVO
Comerciar con las masas = mala reacción kármica (sufrimiento).

Tipología del Eneagrama

¿Cuál es mi
verdadero tipo?

Obstáculos en la vida o para el éxito
¿Qué es lo que me está obstaculizando?

Relación con otras personas
¿Cómo se está desarrollando la relación con la persona X?

Pregunta sobre el destino
¿Cómo acabará el acontecimiento X?

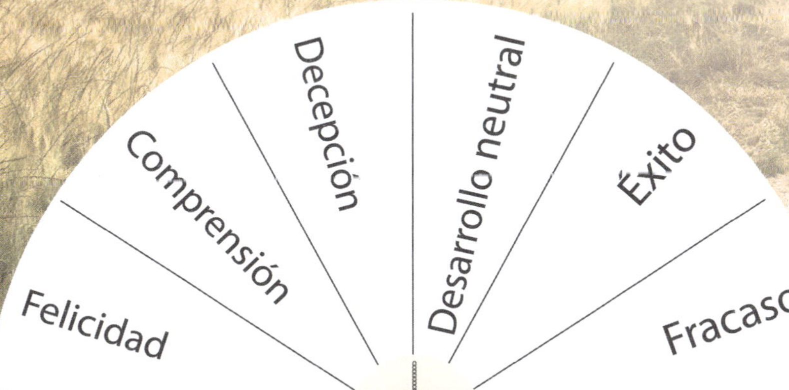

Pregunta sobre el destino
¿Qué debo hacer con la situación X?

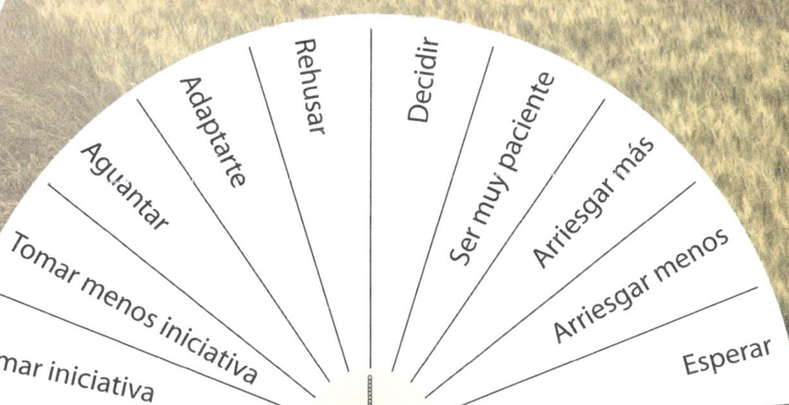

Preguntas existenciales

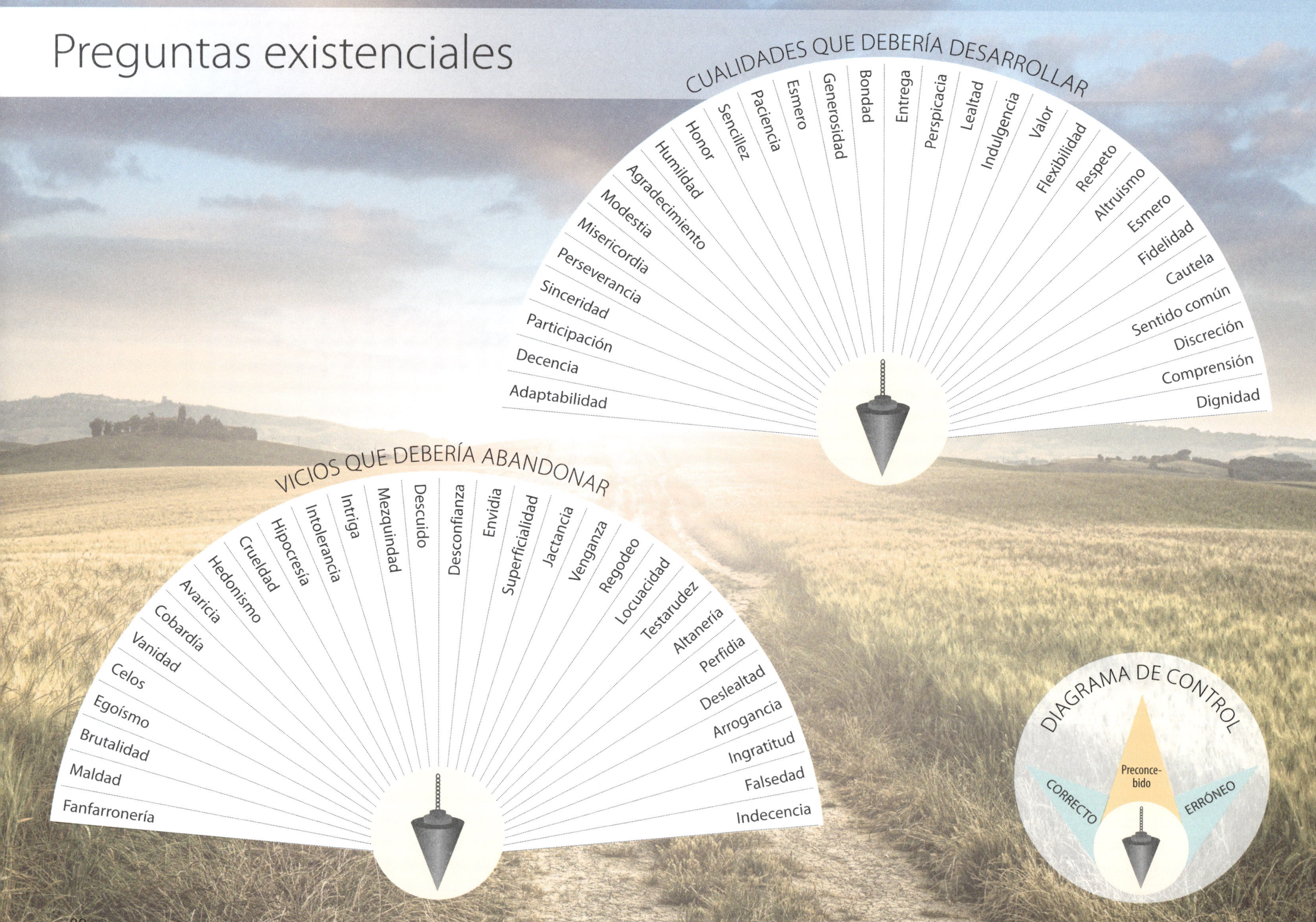

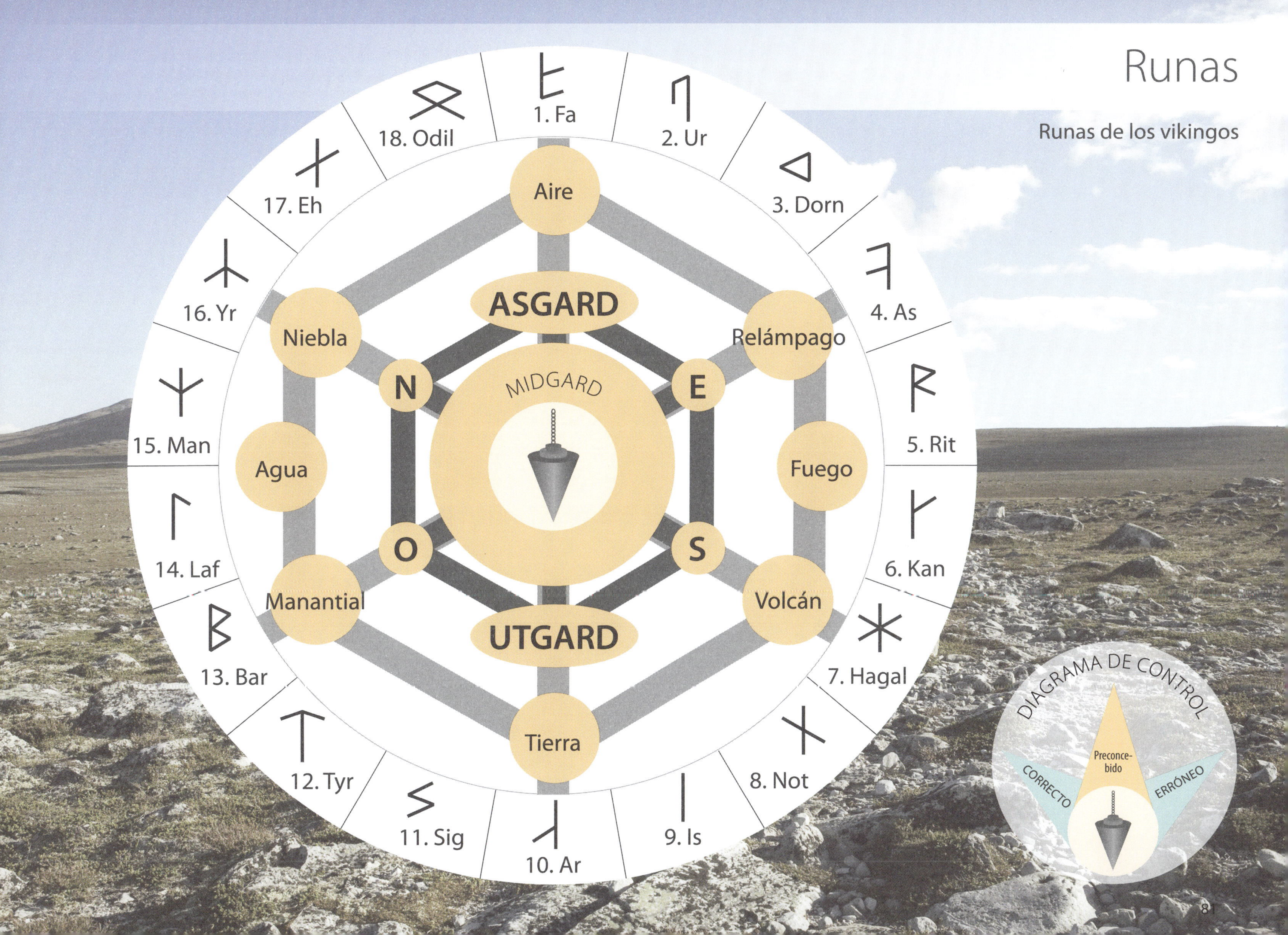

Runas
Runas de los vikingos
1. Fa
2. Ur
3. Dorn
4. As
5. Rit
6. Kan
7. Hagal
8. Not
9. Is
10. Ar
11. Sig
12. Tyr
13. Bar
14. Laf
15. Man
16. Yr
17. Eh
18. Odil
ASGARD
MIDGARD
UTGARD
Aire
Relámpago
Fuego
Volcán
Tierra
Manantial
Agua
Niebla
N
E
S
O
DIAGRAMA DE CONTROL
CORRECTO
Preconce-bido
ERRÓNEO

Runas

Futhark antiguo

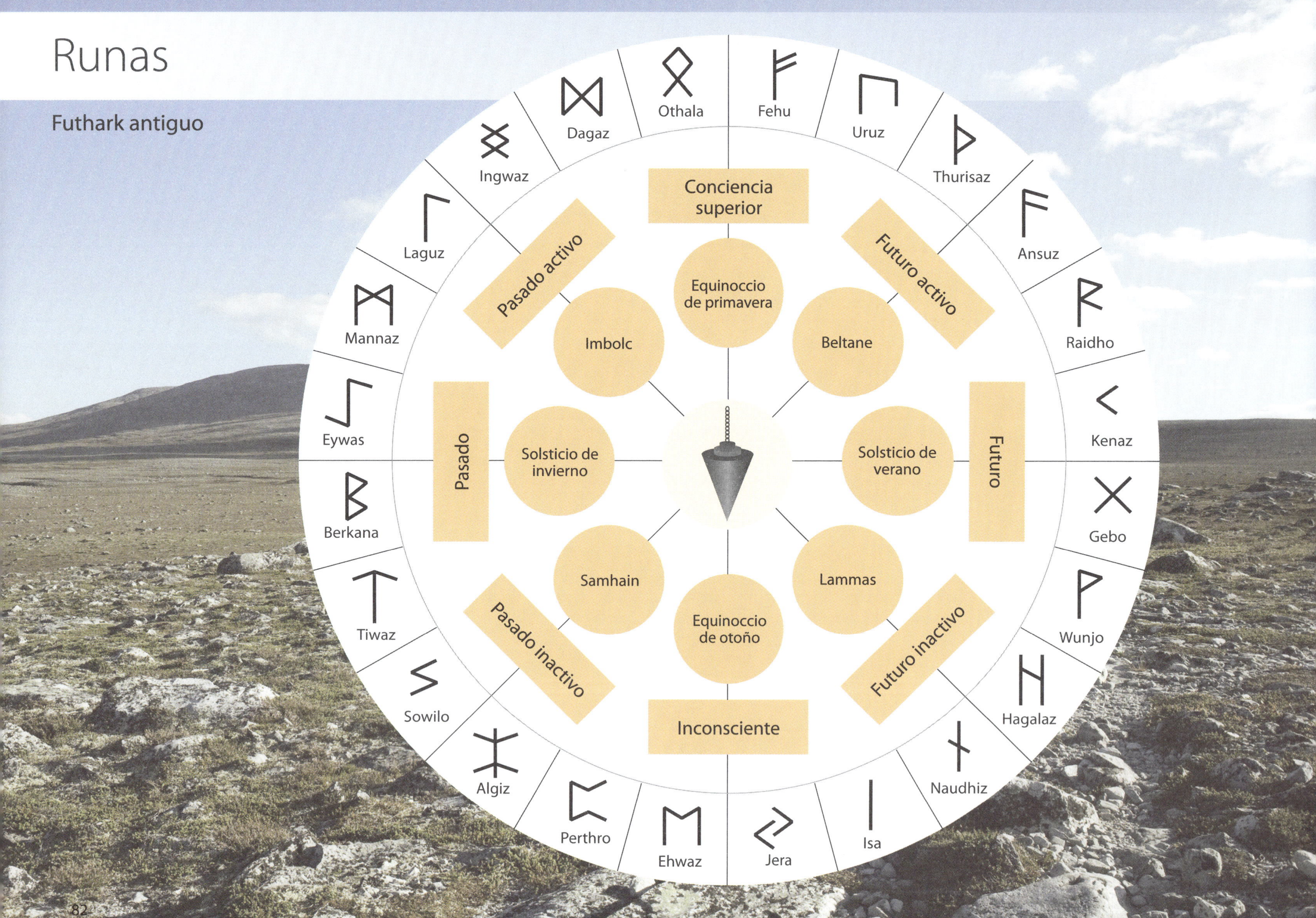

Animales totémicos chamánicos

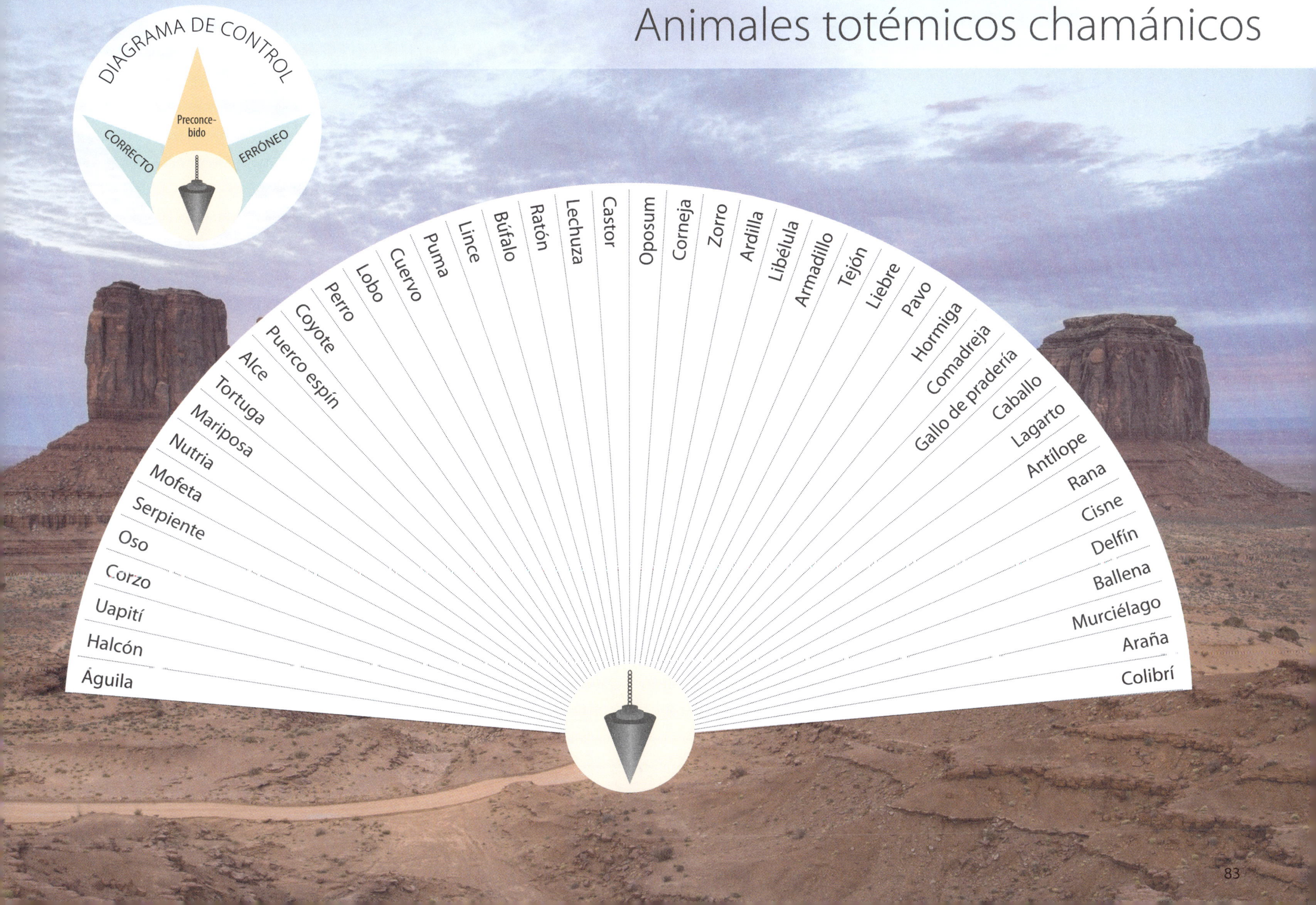
DIAGRAMA DE CONTROL
Preconcebido
CORRECTO
ERRÓNEO
Águila
Halcón
Uapití
Corzo
Oso
Serpiente
Mofeta
Nutria
Mariposa
Tortuga
Alce
Puerco espín
Coyote
Perro
Lobo
Cuervo
Puma
Lince
Búfalo
Ratón
Lechuza
Castor
Oposum
Corneja
Zorro
Ardilla
Libélula
Armadillo
Tejón
Liebre
Pavo
Hormiga
Comadreja
Gallo de pradería
Caballo
Lagarto
Antílope
Rana
Cisne
Delfín
Ballena
Murciélago
Araña
Colibrí

Oráculo del *I Ching*

Ante todo, deberás utilizar el péndulo en el diagrama superior para determinar el trigrama inferior de la tabla y, después, el trigrama superior. Ahora podrás buscar el número del hexagrama de acuerdo con esta tabla.

Busca en el diagrama central cuántas líneas se han movido.

Y, finalmente, en el diagrama inferior, busca qué líneas se han movido. De esta manera se averiguan los cambios en el hexagrama.

TRIGRAMA INFERIOR	TRIGRAMA SUPERIOR							
	KIEN	DSCHEN	KAN	GEN	KUN	SUN	LI	DUI
KIEN	1	34	5	26	11	9	14	43
DSCHEN	25	51	3	27	24	42	21	17
KAN	6	40	29	4	7	59	64	47
GEN	33	62	39	52	15	53	56	31
KUN	12	16	8	23	2	20	35	45
SUN	44	32	48	18	46	57	50	28
LI	13	55	63	22	36	37	30	49
DUI	10	54	60	41	19	61	38	58

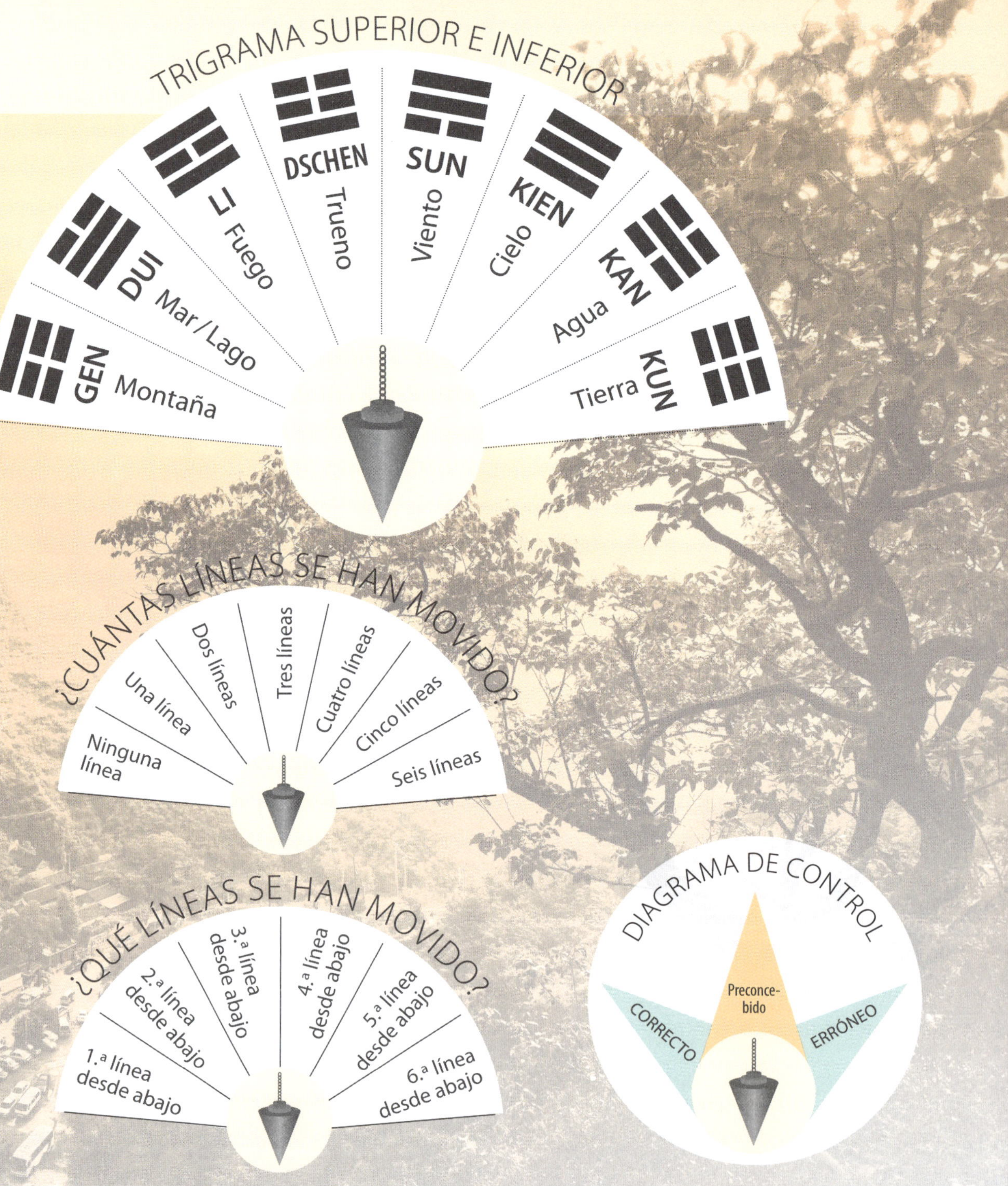

Diagrama de los signos del zodíaco (para establecer el ascendente).

El reloj del péndulo sirve para definir la hora exacta del nacimiento. El reloj está dividido en partes de 10 minutos cada una.

Astrología

Las energías psíquicas de los planetas.

¿Qué tipo de energía me falta?
¿Cuál es el planeta que mejor se adapta a mí,
o me proporciona mejor energía?
¿Cuál es el planeta que peor se adapta a mí,
o me proporciona peor energía?
¿Cuál es el regente de mis tensiones?

Astrología

Análisis de las casas zodiacales con respecto a los bloqueos y problemas inconscientes.

Ante todo, examina en qué casa se manifiestan estos bloqueos.

Activa tus capacidades, todavía ocultas, para equilibrarlas. De vez en cuando, con el péndulo, verifica tus progresos.

Tarot

Los arcanos mayores

¿Dónde puedo encontrar mi carta del día?
¿Y mi carta de protección?
¿Y mi carta de compañía?

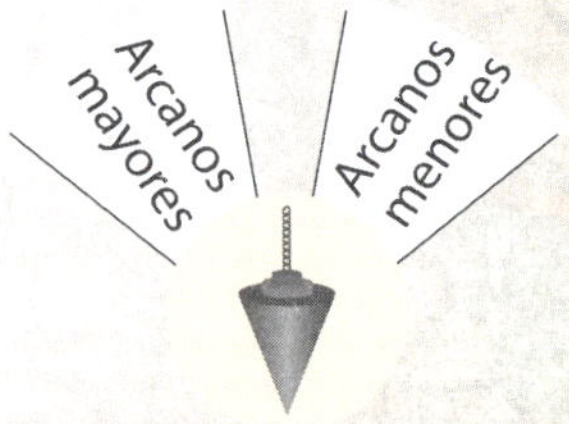

Los arcanos menores

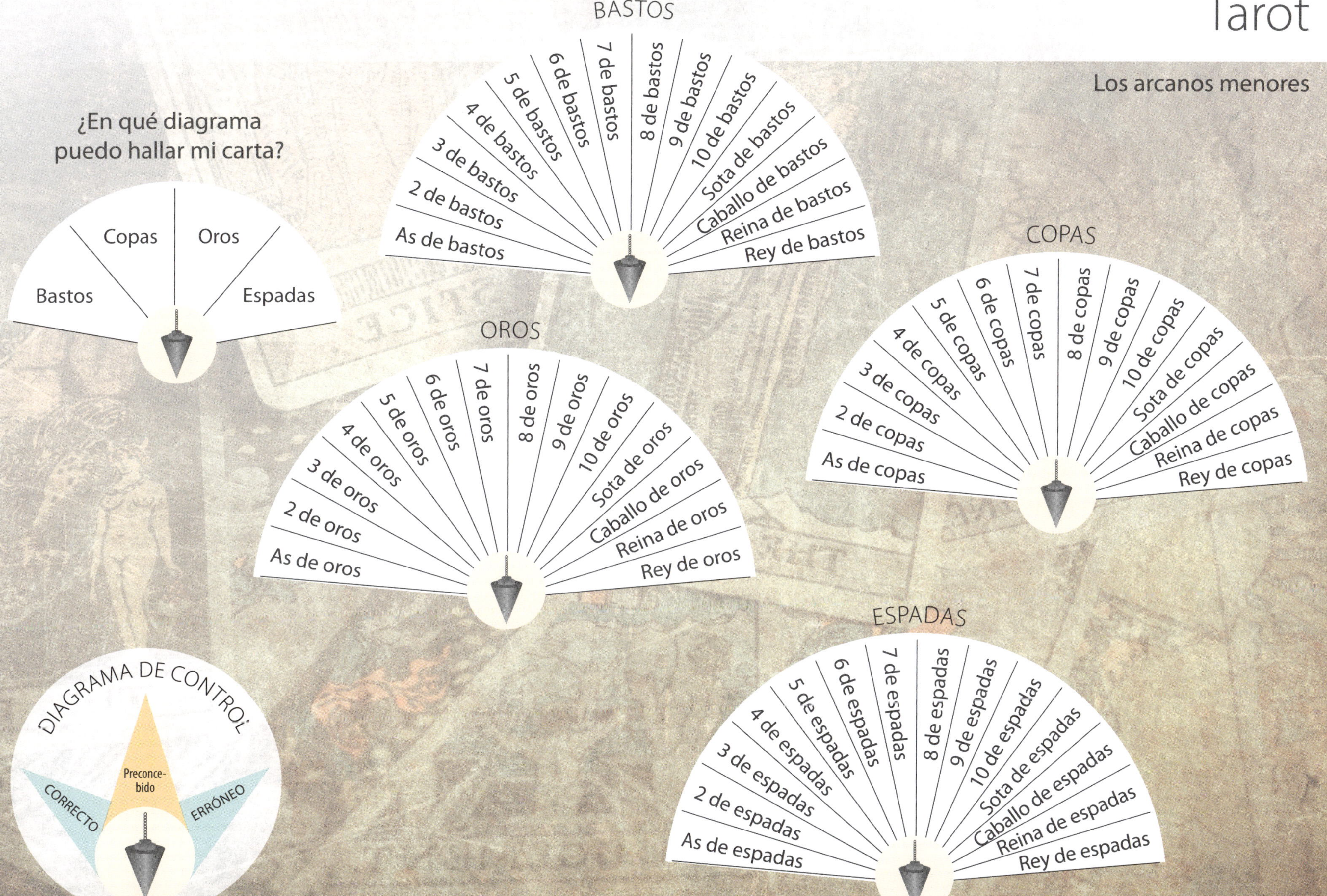

Nota final

Ahora que has trabajado con estos nuevos y útiles diagramas, quisiera agregar algunas consideraciones, sobre todo para que no pueda decirse que lo he simplificado. En este caso, así como en todas las cuestiones espirituales, vale la frase: «El camino es el objetivo».

¿Péndulo o varillas?

La separación de la temática en dos libros, *El gran libro del péndulo* («Pendel-Welten») y *El gran libro de las varillas* («Ruten-Welten»), tenía sentido, ya que ambos títulos también pretenden ser una introducción al respectivo manejo de estas dos herramientas. Por supuesto, mucho de lo que se ha preguntado aquí con el péndulo también se puede determinar con la varilla. Qué temas se exploran con un péndulo (incluso con un péndulo especial) y cuáles con una varilla, es en parte una cuestión de hábito. En caso de duda, deberás decidir qué herramienta te va mejor o prefieres. Como recordatorio: los péndulos y las varillas son solo amplificadores para indicar la vibración o resonancia que tú mismo tienes de una percepción.

Uso del péndulo con diagramas

Con esta multitud de diagramas no se pretende dar la impresión de que el péndulo se limita casi exclusivamente a la consulta con tales diagramas. En realidad se trata de lo contrario.

En el uso del péndulo hay también otro nivel. Por lo tanto, debe quedar claro que el uso de diagramas es solo un tipo de consulta de resonancia. El diagrama sustituye a la propia memoria, que normalmente no está exenta de lagunas.

Los diagramas son adecuados para arrancar muchas cosas del olvido, organizarlas y ordenarlas. ¿Quién se sabe de memoria todos los nombres de las Flores de Bach para que puedan ser recordados si es necesario?, o ¿quién puede recitar las 12 Sales minerales de Schüssler con sus 12 suplementos, todos con nombres y números? Por esta razón, en este libro se presentan tantos diagramas que aún no habían sido publicados. Son para hacer que tu trabajo resulte más fácil.

Consulta mental

Con los diagramas se hacen siempre consultas a nivel material, podría decirse. Si te sabes de memoria todas las esencias de las Flores de Bach, también puedes consultarlas de memoria, es decir, mentalmente. Esto no supone problema para aquellos experimentados en el arte del péndulo ni para los expertos en varillas.

Las dificultades surgen solo cuando tienes que concentrarte mentalmente en una cosa determinada para poder hacer una pregunta. Puesto que ya hay suficiente bibliografía sobre este tema (*véase* bibliografía, pág. 95), puedo prescindir de una explicación detallada al respecto, pero sí que menciono la posibilidad de una consulta mental en aras de la exhaustividad. El arte del péndulo no consiste solamente en clasificarlo todo bajo la forma de diagramas. Si bien es esto lo que desean los principiantes, no es posible debido a razones prácticas.

Una vez hecha la consulta a través de los diagramas, la pregunta mental constituye un paso más: si uno es capaz de conseguirlo o no, es, por un lado, una cuestión de trabajo en el asunto y, por otro, una cuestión de sensibilización.

En fin, quisiera tratar de ilustrar el progreso hacia el trabajo mental, basándome en un simple ejercicio de cinco pasos:

Coge una manzana con la mano izquierda y mantén el péndulo o la vara entre tu cuerpo y la manzana. La pregunta por hacer será: «¿Me va bien esta manzana? ¿Debo comerla?» Obtendrás una respuesta basada en la calidad de la manzana y en tu condición física, (en este caso, si debes comer la manzana o no).

Ahora haz que una segunda persona participe en el experimento: haciéndole mantener la manzana en la mano izquierda, sostén con tu mano izquierda su mano derecha. El procedimiento es igual al descrito en el paso anterior; el resultado tendría que ser el mismo, pues se volverá a preguntar sobre la compatibilidad entre la manzana y quien sostiene el péndulo.

Ahora invita a una tercera persona en el experimento y procede igual que en los ejercicios anteriores. En este caso el resultado tendría que volver a ser idéntico.

Puedes aumentar el número de personas según te apetezca. El resultado tiene que seguir siendo el mismo. Todo esto aún viene determinado por la resonancia. El siguiente paso es el trabajo mental.

Coloca la manzana sobre una mesa, una silla, etcétera, apartada de ti pero siempre a la vista. Concéntrate en la manzana. Alarga tu mano izquierda para recibir las vibraciones de la manzana. Haz las mismas preguntas que en el primer paso. El resultado debe ser idéntico.

Coloca la manzana en la habitación de al lado y concéntrate en ella. Ya has visto lo suficiente esta manzana y la conoces bien. Pregúntate de nuevo: ¿Me va bien la manzana que se encuentra en la mesa de la habitación de al lado? Tendrías que obtener el mismo resultado que antes.

Si esto sucede, tendrás la certeza: eres capaz de trabajar incluso mentalmente. Con este conocimiento se abren ante ti mundos insospechados. Continúa así.

¡Que te diviertas y obtengas buenos resultados!

Markus Schirner

Acerca del autor

Markus Schirner está formado como profesor de Kinesiología, «Brain Gym» y «Touch for Health», y como masajista. Sus otras especialidades incluyen la aromaterapia, la medicina herbolaria, la meditación y la terapia respiratoria, así como la filosofía budista. Schirner Verlag, fundada por él y su esposa, es una de las editoriales espirituales más importantes de Alemania.

www.schirner.com

Créditos fotográficos

Fotos pg. 8–13, 90–93: Silja Bernspitz, Schirner

Foto de la cubierta: Shutterstock

Fotos de la base de datos de imágenes www.shutterstock.com:
Pg. 5: #613269992 (© Elena Schweitzer), Pg. 6: #625180409 (© Yerko Espinoza), Pg. 7: #571500931 (© Katja El Sol), Pg. 14–15: #110877350 (© Sundari), Pg. 16–17: #596523143 (© Olarn Meesang), Pg. 18–19: #1016968081 (© PopTika), Pg. 20–21: #521631253 (© sumroeng chinnapan), Pg. 22–23: #139454717 (© David M. Schrader), Pg. 22: #570426196 (© nuvrenia), Pg. 23: #783464092 (© Peter Hermes Furian), Pg. 24–26: #356731586 (© Kagai19927), Pg. 27–31: #546329908 (© BlurryMe), Pg. 32–35: #538426570 (© Kotkoa), Pg. 36–37: #146757317 (© A. and I. Kruk), Pg. 38–41: #524738584 (© Zoezoe33), Pg. 42–43: #596523143 (© Olarn Meesang), Pg. 44–51: #545247169 (© zentradyi3ell), Pg. 52–53: #81695590 (© Kazyavka), Pg. 54–55: #613780988 (© Subbotina Anna), Pg. 56–58: #514386232 (© NATNN), Pg. 59: #213917029 (© Alexander Raths), Pg. 60–61: #1007250187 (© Red Octopus), Pg. 62: #709276264 (© aree-ya_ann), Pg. 63: #347950235 (© TairA), Pg. 64–69: #191365604 (© Robert Kneschke), Pg. 70: #400432183 (© Evgeny Atamanenko), Pg. 71–76: #524124640 (© Paul shuang), Pg. 73: #418128811 (© Oleksandr Molotkovych), Pg. 77: #579199696 (© 5 second Studio), Pg. 78: #407135536 (© Pushish Images), Enneagramm #371145086 (© Evgeniy Belyaev), Pg. 79–80: #530170897 (© Scorpp), Pg. 81–82: #112150463 (© BMJ), Pg. 83: #234332470 (© RuthCho), Pg. 84: #59032324 (© Jun Mu), Pg. 85–87: #295846730 (© Aphelleon), Pg. 85: #655572385 (© Elen Koss), Pg. 86: #257221240 (© MSSA), Pg. 88–89: #282865454 (© Derek R. Audette).

ANDRES, INGE: Die ganzheitliche Duftberatung. Niedernhausen 1995

ASWYNN, FREYA: Die Blätter von Yggdrasil. Wien 1991

BEELER, LUCY A. / SCHERER, HERBERT: Heilkraft mir der Stein verschafft. Buchs 1993

BOURGAULT, LUC: Ganzheitliche Edelsteintherapie. Freiburg 1994

CARRINGTON, PATRICIA: Das große Buch der Meditation. München 1980

DALICHOW, IRENE / BOOTH, MIKE: Aura-Soma. München 1994

DORCSI, MATHIAS: Homöopathie heute. Reinbek 1990

ELLING, PAUL: Die Kunst des Pendelns. Rastatt 1988

FELLENBERG-ZIEGLER, ALBERT VON: Homöopathische Arzneimittellehre. Ulm 1960

FROEMER, FRIED: Pendeln. München 1992

HARTMANN, JANE E.: Die Heilkraft der richtigen Schwingung. München 1991

HEIDER-RAUTER, BARBARA: Aura-Soma-Equilibrium. Darmstadt 2011

—: Aura-Soma Pomander, Quintessenzen, Farbessenzen, ArchAngeloi. Darmstadt 2011

HELM, BEATE: Die Heilkräfte der Kalifornischen Blütenessenzen. München 1995

HERZOG, ANNEMARIE: Die Räucher-Apotheke für den Körper. Darmstadt 2014

HERZOG, ANNEMARIE: Die Räucher-Apotheke für die Seele. Darmstadt 2015

HIMMEL, MANFRED: Bäume helfen heilen. Darmstadt 2004

HOEFLER, ANGELIKA / ATTI, MARIO: Reinkarnationsforschung mit dem Pendel. Haldenwang 1987

HÖHNE, ANITA: Heiltees. München 1995

HÖPFNER, OTTO: Einhandrute und Pyramidenenergie. Neuwied 1989

HUNKEL, KARIN: Das Arbeitsbuch zur richtigen Farbentscheidung. München 1994

HÜRLIMANN, GERTRUD I.: Pendeln ist erlernbar, Band 1 + 2. Zürich 1985

JAEDICKE, HANS G.: Dr. Schüßlers Biochemie. Frankfurt 1976

JAKOB, GEORG: Das medizinische Pendelbuch. Bietigheim 1973

KELLER, ERICH: Das Handbuch der ätherischen Öle. München 1994

—: Erlebnis Aromatherapie. München 1993

KIRCHNER, GEORG: Pendel und Wünschelrute. München 1985

KULLMANN, WILTON: Die perfekte Hausentstörung. Steyr 1992

—: Erdstrahlen und Gestirnstrahlen. Steyr 1992

LEUNG, ALBERT Y.: Chinesische Heilkräuter. Köln 1985

MEADOWS, KENNETH: Das Natur Horoskop. Bern 1990

MEIER, ALEXANDRA: Die Weisheit des Waldes. Darmstadt 2016

MERZ, BLANCHE: Orte der Kraft. Chardonne 1985

MINKER, MARGARET / SCHOLZ, RENATE: Das große Buch der Naturheilweisen. München 1994

MLAKER, RUDOLF: Geistiges Pendeln. Berlin 1974

MUTHS, CHRISTA: Farbtherapie. München 1989

NIELSEN, GREG / POLANSKY, JOSEPH: Die Magie des Pendels. München 1978

NÖCKER, ROSE-MARIE / GREYPINK, JOOP: Das große Buch der Sprossen und Keime. München 1992

OBERBEIL, KLAUS: Fit durch Vitamine. München 1999

OPITZ-KREHER, KARIN: Dufte durch den Tag. Darmstadt 2017

PAHLOW, MANNFRIED: Heilpflanzen. München 1989

RÄTSCH, CHRISTIAN: Indianische Heilkräuter. Köln 1987

REIMANN, ANTARA: Runenschätze – Namenskräfte. Darmstadt 2017

RIEDER, BEATE / WOLLNER, FRED: Duftführer. Kempten 1992

ROHR, RICHARD / EBERT, ANDREAS: Das Enneagramm. München 1989

ROSENBERGER, ULLA: Schutz durch die Kraft der Steine. Darmstadt 2014

RULAND, JEANNE: Krafttiere begleiten dein Leben, Band 1 + 2. Darmstadt 2004 + 2009 / 2017

SAMS, JAMIE / CARSON, DAVID: Karten der Kraft. Aitrang 1989

SCHAUFELBERGER-LANDHERR, EDITH: Die Kraft der Steine, Band 1 + 2. Cham 1992

SCHIRNER, MARKUS: Ätherische Öle anwenden. Darmstadt 2002 / 2017

—: Pendel-Set. Darmstadt 1999

—: Zum richtigen Duft. Darmstadt 2014

SCHMIDT, DR. MED. EDMUND / NATHALIE: Das Wasser-Geheimnis. Darmstadt 2016

—: Vitalstoffe braucht jeder – auch Sie. Darmstadt 2015

—: Vitalstoffe gezielt einsetzen. Darmstadt 2015

SEVERA, FRANTISEK / LICHTENSTERN, HERMANN: Das große Kräuterbuch der Gesundheit. Bindlach 1994

SHARAMON, SHALILA / BAGINSKI, BODO: Das Chakra-Handbuch. Aitrang 1989

SPERLING, RENATE: Vom Wesen der Edelsteine. Grafing 1994

STANGL, ANTON: Der Energiesensor. Düsseldorf 1989

—: Gesundheit und Lebenserfüllung durch Pendeln. Düsseldorf 1995

—: Pendeln. Düsseldorf 1987

STEVENS, EDWARD: Meditieren in allen Lebenslagen. Reinbek 1994

STRASSER, MARIA: Die richtige Bachblüte finden. Darmstadt 2017

SUN BEAR / WABUN: Das Medizinrad. München 1981

SUN BEAR / WABUN / MULLIGAN, CRYSALIS: Das Medizinrad-Praxisbuch. München 1993

SZABÓ, ZOLTÁN: Buch der Runen. München 1985

ULBRICH, SADRINA: Geheimnisvolle Dufte 1. Bergen 1993

WABUN / REED, ANDERSON: Die Macht der heiligen Steine. München 1989

WARNECK, IGOR: Ruf der Runen. Darmstadt 1997 / 2016

WEISSMAN, ROSEMARY / STEVE: Der Weg der Achtsamkeit. München 1994

WING, R. L.: Das Arbeitsbuch zum I Ging. München 1993

WOLF, PETER: Aquarome. Lemgo 1990

ZIMMERMANN, FELIX: Heilende Tees. München 1995